eラーニングの発展と
企業内教育

菅原　良 著

大学教育出版

eラーニングの発展と企業内教育

目　次

第1章 はじめに……………………………………………………………………9
  1.1. 背　景　9
  1.2. 目　的　11
  1.3. 方　法　11
  1.4. 本書の構成　11

第2章 遠隔教育の歴史とeラーニングの成立……………………………14
  2.1. 遠隔教育の歴史　14
  2.2. 遠隔教育の発展過程　14
    2.2.1. 1970年代以前における遠隔教育　14
    2.2.2. 1970年代以後における遠隔教育　15
    2.2.3. 1990年代以後における遠隔教育　17
    2.2.4. eラーニングの成立　18
  2.3. eラーニングの展望と課題　19

第3章 eラーニングの発展過程，定義，分類………………………………24
  3.1. eラーニングの発展過程　24
  3.2. eラーニングの定義　27
  3.3. eラーニングの分類　31
    3.3.1. CAI (Computer Assisted Instruction)　32
    3.3.2. CBT (Computer Based Training)　34
    3.3.3. WBE (Web-based Education)　34
    3.3.4. m-Learning (モバイルラーニング)　34

第4章 今日のeラーニングにおけるインストラクショナルデザインの
      理論的再検討………………………………………………………………38
  4.1. 問題の所在　38
  4.2. インストラクショナルデザインの発展過程と工程　41
    4.2.1. インストラクショナルデザインの発展過程　41

4.2.2. インストラクショナルデザインの工程　42
　　⑴ 業務分析と目標設定　42
　　⑵ 設計　43
　　⑶ コンテンツの開発　43
　　⑷ コンテンツの提示　43
　　⑸ 教育効果の測定　44
　4.2.3. インストラクショナルデザインの問題点　44
4.3. CAI の研究動向　44
　4.3.1. CAI の発展過程と問題点　44
　4.3.2. CAI を使った学習形態　46
　　⑴ ドリル型　46
　　⑵ チュートリアル型　46
　　⑶ 問題解決共同型　47
　　⑷ 問題解決ツール型　47
4.4. Gagné et al. のインストラクショナルデザイン (ID)　47
　4.4.1. インストラクショナルデザイン (ID) の理論的枠組み　47
　4.4.2. インストラクショナルデザイン (ID) 理論の諸段階　48
　　⑴ 学習課題の分析　48
　　　ⅰ) 情報処理分析　49
　　　ⅱ) 課題分類　49
　　　ⅲ) 学習課題分析　49
　　⑵ 実行目標の明確化　50
　　　ⅰ) 理科の例 (電気回路の概念を学習する)　51
　　　ⅱ) 社会科の例 (衆参両院の議員の任期を学習する)　51
　　　ⅲ) 算数の例 (分度器で角度を測る)　52
　　⑶ 教授系列の設計　52
　　⑷ 授業の設計　53
　　⑸ メディアの利用　54
　　⑹ インストラクショナルデザインにおける評価　54

　　　　ⅰ）目標準拠テスト　　54
　　　　ⅱ）集団準拠テスト　　55
　4.5. まとめと考察　　55

第5章　eラーニングにおけるインストラクショナルデザインの検討と
　　　　企業内教育への適用……………………………………………61
　5.1. 問題の所在　　61
　5.2. インストラクショナルデザインの多義性　　62
　5.3. eラーニングと教授設計理論の関係　　63
　　5.3.1. Reigeluth の教授設計モデル　　64
　　5.3.2. Rickey の教授設計モデル　　65
　5.4. eラーニングと教授設計法理論との関係　　66
　　5.4.1. Gropper の教授設計法理論　　67
　　5.4.2. Reigeluth の精緻化理論　　67
　　5.4.3. Gagné and Briggs の教授設計法　　68
　　5.4.4. eラーニングにおける教授設計　　69
　5.5. 企業内教育におけるeラーニングの適用　　70
　　5.5.1. 企業内教育におけるeラーニングの適用に関する視点　　70
　　5.5.2. 企業内教育におけるeラーニングの概念モデル　　70
　5.6. eラーニングの問題点　　71
　5.7. まとめと考察　　72

第6章　企業内教育におけるeラーニングの活用に関する問題点
　　　　――人事・教育担当者へのインタビューをまじえて――……………77
　6.1. 企業内教育におけるeラーニングの活用　　77
　　6.1.1. 企業内教育におけるeラーニング導入状況　　77
　　6.1.2. 企業内教育におけるeラーニングの受講期間　　79
　　6.1.3. 企業内教育におけるeラーニング利用の実際　　81
　　6.1.4. 企業内教育におけるeラーニング活用に関する問題　　81

6.2. eラーニングの活用に関する人事・教育担当者へのインタビュー　82
　　6.2.1. インタビュー概説　82
　　6.2.2. eラーニングの利用目的　82
　　　⑴ IT関連業種　82
　　　⑵ その他の業種　85
　　6.2.3. コンテンツの作成　88
　　　⑴ IT関連業種　88
　　　⑵ その他の業種　89
　　6.2.4. eラーニングの利点　90
　　　⑴ IT関連業種　90
　　　⑵ その他の業種　93
　　6.2.5. eラーニングの問題点　94
　　　⑴ IT関連業種　94
　　　⑵ その他の業種　96
6.3. まとめと考察　96
　　6.3.1. インタビューのまとめ　96
　　　⑴ eラーニングの利用目的　97
　　　　a) IT関連業種　97
　　　　b) その他の業種　97
　　　⑵ コンテンツの作成　97
　　　　a) IT関連業種　97
　　　　b) その他の業種　98
　　　⑶ eラーニングの利点　98
　　　　a) IT関連業種　98
　　　　b) その他の業種　98
　　　⑷ eラーニングの問題点　98
　　　　a) IT関連業種　98
　　　　b) その他の業種　98
　　6.3.2. 考察　99

第 7 章　eラーニングの企業内教育への導入と実践に関する提言……………102
　7.1. 日本の企業文化における企業内教育　　102
　7.2. eラーニングの企業内教育導入に関わる4つの視点　　104
　7.3. 日本の企業内教育におけるインストラクショナルデザイン
　　　(ID)モデル　　106
　　7.3.1. モデル設定の意図　　106
　　7.3.2. インストラクショナルデザイン(ID)モデルの提示　　107

第 8 章　考　察……………………………………………………………………111

第 9 章　結　語……………………………………………………………………115

文　　献……………………………………………………………………………117

あとがき……………………………………………………………………………137

表目次

1-1-1	集合教育と e ラーニングとの学習形態比較	10
2-2-1	遠隔教育における第一世代と第二世代	16
3-1-1	1950〜60年代における主な CAI の諸実験	24
3-1-2	コンピュータを使った教育の特徴	26
3-2-1	e ラーニングの代表的な形態	29
4-4-1	インストラクショナルデザインの設計段階	48
4-4-2	実行目標の操作的記述の構成要素	51
5-4-1	Gagné の 9 教授事象の分類	68
6-1-1	e ラーニング導入状況 (2002 年)	77
6-1-2	e ラーニング導入状況 (2004 年)	78
6-1-3	企業内研修における e ラーニングの年間受講期間	79
6-1-4	企業内研修における e ラーニングの年間受講時間	80
6-1-5	企業内研修における e ラーニングの一日平均受講時間	80
6-1-6	企業内研修における e ラーニングの 1 回あたり平均受講時間	80

図目次

2-2-1	通信教育における学習のサイクル	15
3-1-1	コンピュータを使った教育の時系列	27
3-2-1	さまざまなシステムにおける e ラーニングの位置付け	30
3-2-2	e ラーニングの類似概念	31
3-3-1	CAI によるコミュニケーション過程	32
4-1-1	教室における対面授業の形式	38
4-1-2	e ラーニングにおける遠隔授業の形式	39
4-4-1	インストラクショナルデザインの過程	50
5-2-1	インストラクショナルデザインの概念	63
5-3-1	Reigeluth の 2 つのアプローチ	65
5-5-1	企業内教育における ID の概念モデル	70
7-2-1	e ラーニングの企業内教育導入に関わる 4 つの視点	104
7-3-1	企業内教育における e ラーニングモデル(1)	107
7-3-2	企業内教育における e ラーニングモデル(2)	109

第1章 はじめに

1.1. 背景

「日本では一般的に，2000年が『eラーニング元年』とされている」(先進学習基盤協議会(ALIC) 2003).その後，数年の間に，コンピュータはますます高機能化し，軽量コンパクトになった．また，インターネットなどのコンピュータネットワーク環境においてもインフラストラクチャーの整備が進んだ．その結果，最新のIT技術の導入を目指す大企業のみならず，中小企業や個人においても，安価な資本投下のもとで高性能のコンピュータを手に入れ，インターネットの恩恵に浴することができるようになってきた．この傾向は，さらに加速しそうな勢いである．

このコンピュータネットワーク環境における整備に起因する"いつでも好きなときにインターネットに接続し，インターネット上で提供されているコンテンツを利用することができる"という利便性は，さまざまな教育の場面[1]において，大きな変革をもたらすことになった．

特に，この変革による影響は，企業内教育において顕著である．

企業内教育は，長きにわたって，数人から数十人単位の"複数"の学習者が，"決められた時間"に，研修機関などの"決められた場所"に集められ，講師と学習者の"対面"による，"教室授業"によってなされる集合教育が多く利用されてきた[2]．

ところが，上述したコンピュータ，あるいはコンピュータネットワーク環境の整備を契機に始まった，コンピュータを使って教育を行う"eラーニング"，インターネットを介在して教育を行う"Web-based Education(以下，単に

WBEとする)"の普及[3]により，企業内教育は，時間と場所，方法，形式における制約が取り払われることとなった．

企業内教育にeラーニングが導入される大きな利点は，学習者である社員が自ら"選んだ時間"に，"選んだ場所"において，"対面によらない"，"遠隔講義"により"ひとり"で学習することができるということである(表1-1-1)．

表1-1-1　集合教育とeラーニングとの学習形態比較

	集合教育	eラーニング
時　　　間	固　　定	自　　由
場　　　所	固　　定	自　　由
方　　　法	対　　面	非 対 面
形　　　式	教　　室	遠　　隔
学 習 単 位	概ね2人〜	1人〜

企業にとって，企業内教育にあてる時間と「研修会場にかかる使用料や講師の人件費，教材の作成にかかる手間と費用，受講者や講師の移動に伴う交通費や宿泊費」(先進学習基盤協議会(ALIC) 2003)などのコストの削減は大きな課題であった．

「集合研修を行うために，どこか1か所に集まるのであれば，受講者が研修会場に集まるための交通費と，講師を招くための費用(交通費，外部講師を招く場合は講師料など)が必要であるが，eラーニングにおいては，これらのコストを削減することができる」(高橋 2001)．このような理由から，eラーニングは効率の高い企業内教育を志向する企業の経営者によって注目されるようになってきたのである．

こういった経営者側からの要請がある一方で，実際にeラーニングの導入に携わる「企業内教育担当者は，教授テクニックあるいはインストラクショナルデザインに詳しいわけではない」(Ishii et al.)．このことは，企業内教育担当者が，eラーニングによって

(1)　何を

(2)　どのような方法で

(3) 学習するのか，そして，その学習の下支えとなる
(4) 学習理論との関係はどうなっているのか
(5) 集合教育と比べてeラーニングは効果があるのか
(6) 教育効果の測定はどのように行うのか
(7) その方法はどのようなものか

がよくわかっていない，という問題が存在していることを示唆している．

1.2. 目的

本研究の目的は，企業内教育にeラーニングを導入しようとする場合に，企業内教育の担当者，あるいは学校教育の担当者にとって参考となるような「eラーニングにおける過去から現在，そして未来における理論および実践にかかわる知見を整理して示すこと」にある．

その場合に，教育の担当者にとどまることなく，eラーニングに関わる，あるいはeラーニングに興味を持つ多くの方にも参考となるように考察対象を広く記述することを心がけたい．

1.3. 方法

本書は，eラーニングについて，(1)文献，(2)論文，(3)雑誌，(4)企業の広報誌，(5)Webサイト，(6)企業の人事・教育実務担当者へのインタビューなどを参考にまとめた．

1.4. 本書の構成

本書の構成を以下に示す．
第2章 eラーニングの背景となるアメリカにおける遠隔教育の発展過程を概観し，eラーニングとの対比を行うことによって，それまでの遠隔教育と比較した場合に，eラーニングによって何ができるようになった

のかを明らかにする．

第3章　コンピュータを使った教育の発展過程と，eラーニングの定義，構成要素，利点を示す．

第4章　eラーニング登場後に顕著になったわが国におけるインストラクショナルデザイン (ID) の定義の多義性に注目し，理論的再検討を試みる．

第5章　eラーニング登場前後におけるIDに関する議論（第4章で示した，日本におけるIDの理論的再検討に関する議論）を踏まえつつ，企業内教育にeラーニングを導入することを考慮に入れたeラーニングモデルを提出する．その際に，モデル構築に付随して生じる問題点についても併せて議論を行うこととする．

第6章　eラーニングを活用した企業内教育が注目されており，実際に企業内教育においてeラーニングを活用している企業も増大傾向にあるが，その一方で，人事・教育担当者から，「利用の仕方がわからない」「利点がわからない」「効果がわからない」といったeラーニングに関する知識の不足に起因すると考えられる意見が多く聞かれる．

本章では，実際に企業内教育を企画・実施・運営している担当者が，企業内教育にeラーニングを導入する場合に疑問に感じていること，あるいは不安に感じていることを，インタビューによって明らかにする．

第7章　企業内教育にeラーニングを導入する場合には，日本の企業文化あるいは企業風土に合ったインストラクショナルデザイン (ID) に基づいて構築されたeラーニングが必要であると考える．本章では，日本の企業文化における企業内教育を概観し，また，第2章から第6章までの検討により明らかになった研究結果に基づいて，日本の企業内教育に適当と考えるインストラクショナルデザイン (ID) モデルを提案する．

第8章　本書における議論によって得ることができた知見を整理して示す．

第9章　本書のまとめを示し，今後の研究課題について述べる．

注

(1) 企業内教育や学校教育，生涯教育，社会教育，幼児教育など．

(2) 桐原・永丘(1961)によれば，1941年(昭和16)に厚生省労働局長より，部下労務者の指導者であり，中間管理職でもある職長の資質を，小座談会・講義・講演・文書などの方式で養うようにとの通達が出されたことが企業内教育において集合教育が利用されるようになった起源であるとされている．

(3) 最近では，インターネットやイントラネットを活用し，オンラインで提供される教材に，個々の受講者がアクセスして学習する形式のものを"eラーニング"というのが一般的になってきており，また，コミュニケーション機能(質疑応答，ディスカッション，協調学習など)が加味されていることが要素となってきている(先進学習基盤協議会(ALIC) 2003)．本稿における"eラーニング"は基本的にこの解釈に因ることとする．

参考文献

Ishii et al. (2004) AN INSTRUCTIONAL DESIGN FOR DEVELOPING LEARNING-CONTENTS BY SUBJECT MATTER EXPERTS, Proceedings of the 9th World Conference on Cotinuing Engineering Education - Tokyo May 15-20, 2004.

桐原葆見・永丘智郎編(1961)『職場教育－職場訓練の理論と方法』東洋経済新報社．

先進学習基盤協議会(ALIC)(2003)『eラーニングが創る近未来教育－最新eラーニング実践事例集－』オーム社．

高橋秀典(2001)『e‐ラーニング』タスク・システムプロモーション．

第2章　遠隔教育の歴史とeラーニングの成立

2.1. 遠隔教育の歴史

eラーニングは，アメリカにおいて発展してきた学習方法である．それは，eラーニング登場前から行われていた遠隔教育[1][2]において得られた知見と技術，経験などに立脚するものである．

本章の目的は，アメリカにおける遠隔教育の発展過程を概観し，eラーニング登場前の遠隔教育と比較した場合に，eラーニングによって何ができるようになったのかを明らかにすることである．

2.2. 遠隔教育の発展過程

Moore (1996)によれば，アメリカにおける遠隔教育は，
① 通信教育を利用した第一世代(1970年代以前)
② 放送メディア(ラジオとテレビ)を利用した第二世代(1970年代以後)
③ コンピュータネットワークとマルチメディアを利用する第三世代(1990年以後)

に分類される．

2.2.1. 1970年代以前における遠隔教育

1970年代以前の通信教育においては，学習のテキストとして印刷教材が使われ，課題の解答用紙においても紙媒体が使われていた．また，教材の配布および課題提出は，郵便によって行われていた．さらに，受講者が学習途中で生

じた質問を教授者に対して行う場合においても，受講者側から質問を記述した質問紙が教授者に郵送され，それに対する教授者側からの回答も郵便によってなされるという具合に，1970年代以前の遠隔教育は，専ら"紙媒体"と"郵便"を利用したものであった(図 2-2-1)．そのため，課題を提出してから，あるいは，質問用紙を教授者に郵送してから，返事が戻ってくるまでに，数十日以上を要し，場合によっては，数か月もの間，学習が中断されるということもあった．この段階においては，通信教育によって，受講者にとって教授者が遠隔地にあっても受講することができるという利点は見いだせるにしても，通信手段として郵便を使うことによって生ずる"時間的距離"を埋めることはできず，学習を進めるにあたっての大きな障害となっていた．

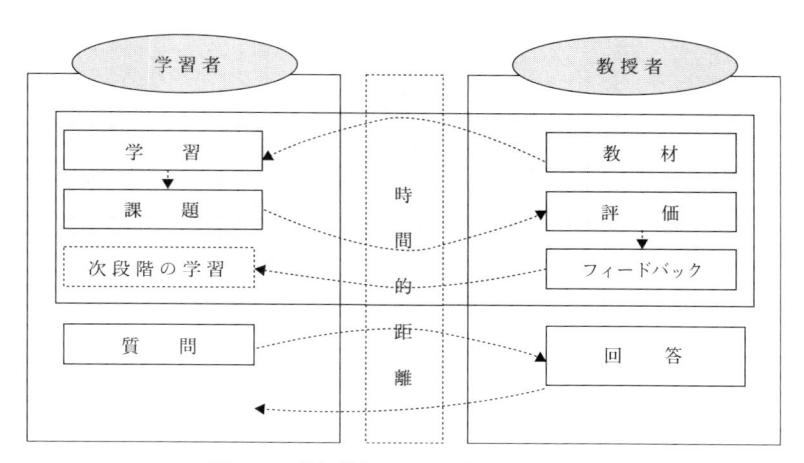

図 2-2-1　通信教育における学習のサイクル

2.2.2. 1970年代以後における遠隔教育

1960年代後半からの放送技術の発展に伴い，遠隔教育に放送メディア(ラジオとテレビ)やカセットテープを利用する形態がウィスコンシン大学のArticle Instructional Media Project (AIM)によって実験的に行われた．それまでの通信教育とAIMの試みとの大きな相違点は次の2点である(Wedemeyer and Najem 1969)．

(1) 学習者が放送メディアによるプレゼンテーションを享受することができるようになった．
(2) 受講者と教授者との郵便のみならず電話によっても可能なシステムが構築された．

このことによって，それまでの通信教育ではできなかった逐次双方向による学習形態が確立される基礎が構築されることとなった[3]．この段階の遠隔教育は，教材の配布と課題の提出，および評価のフィードバックは，通信教育と同様に郵便によって行われたが，授業が，ラジオやテレビといった放送メディアを介して配信されるため，受講者は，放送される番組(授業)を通じて，教授者の声や映像を見たり聴いたりすることができるようになり，このことによって，受講者は，遠隔地にありながら，教授者の"表情"を映像によって見ることができ，また，音声によって"声"を感受することができるようになった(表2-2-1)．さらに，この時期においては，放送メディア以外にも，放送メディアを利用しながら電話回線を通じて行われる音声会議[4]や，一度に多国間に渡って教育プログラムを提供する場合などに人工衛星を介して教育プログラムを配信するシステムも開発された．

表2-2-1 遠隔教育における第一世代と第二世代

	第一世代(通信教育)	第二世代(放送メディアなど)
学習媒体	印刷教材	印刷教材・音声・映像
学習方法	個別	個別・集合
教材の配布	郵便	郵便
課題の提出	郵便	郵便
質問方法	郵便	郵便・音声
コミュニケーション	一方向	一方向・双方向

1970年代においては，通信教育の時代(第一世代)から，放送メディアの時代(第二世代)に移行することによって，

(1) 学習のためのコンテンツとしてラジオやテレビを介した音声や映像を利用することができるようになったこと．
(2) （部分的な利用にとどまるが）双方向のコミュニケーションが可能となったこと．

が最大の特長である．しかし，受講者にとって，(1)都合の良い時間に，(2)都合の良い場所で受講することができる，という点においては，受講の際に，音声や映像が利用できるようになった，という放送に関する技術的発展に起因する要因を除いてしまえば，通信教育（第一世代）と放送メディアを用いた教育（第二世代）との間には，遠隔教育における短所である，学習に際しての受講者と教授者との"時間的距離"の解決を見いだすことはできなかった．

ここまでの遠隔教育においては，主に放送技術の発展を要因とする利便性において進展は見られるものの，受講者にとって，(1)都合の良い時間に，(2)都合の良い場所で，(3)"時間的距離"を考えることなく，受講することができる教育プログラムの開発については，未解決のままである．

2.2.3. 1990年代以後における遠隔教育

1990年代に入ると，コンピュータ技術の発展により，遠隔教育にコンピュータを利用する試みがなされるようになった．しかし，この時期のコンピュータは，性能・価格・大きさなどが障害となり，実際に，遠隔教育に利用することは困難であった．また，遠隔教育の短所である"時間的距離"の短縮を発展的に代用するような通信技術においても未完成のままであった．

一方で，アメリカ人口統計局によれば，1989年までに全家庭の15%がパソコンを所有し，子供の多くが家庭か学校においてコンピュータにアクセスすることが可能であったとされ，1992年末段階において，アメリカのパソコン台数は，日本の6倍，ドイツの8倍，イギリスの10倍もあったという調査結果が発表されている (Juliussen and Juliussen 1993)．パソコンの普及台数が遠隔教育におけるパソコンの利用と直接結びつくわけではないが，パソコンを利用するにあたってのリテラシー能力を獲得した遠隔教育受講者が多数存在するよ

うになったことは，遠隔教育におけるパソコン利用を円滑なものしたのではないかと思われる．

1990年代に入ると，それまでの遠隔教育においてパソコンを利用しようとしたときに障害となっていた，
(1) パソコンの
  ① 高性能化
  ② 小型化
  ③ 低価格化
(2) データ通信の
  ① 大容量化
  ② 通信コストの低減

が進み，マルチメディア[5]教材を使った遠隔教育の時期を経て，eラーニングが登場することとなる(鈴木1997)．

2.2.4. eラーニングの成立

通信教育や放送メディアを利用した教育，あるいはマルチメディアを活用した教育と比較した場合に，eラーニングは，受講者の都合に合わせて，①好きな時間に，②好きな場所で，受講することができ，さらに，コンピュータネットワークを介することによって，受講者と教授者との双方向即時通信が可能となり，"時間的距離"の短縮をも可能にするという遠隔教育における大きな課題を解決するとともに，従来の遠隔教育においては解決できなかった次の点においても解決に導くこととなったことに意義がある．

(1) 学習教材を，通信教育や放送メディアを利用した遠隔教育における印刷媒体を中心としたもの，あるいは，マルチメディア教育における大容量メディアを利用したものから，通信回線を通じて配信される多彩な学習コンテンツを利用する形態に発展することによって，学習教材の利用における選択余地が拡大した(学習教材選択余地の拡大)．

(2) 学習方法において，個別学習・集合学習・双方をミックスしたブレンディッド学習などのさまざまな形態を選択することができるようになった[6](学習方法選択余地の拡大).
(3) 学習教材の配布・課題の提出，および評価の返却がネットワークを介することによって即時になされるようになった(時間的距離の短縮).
(4) 学習過程において質問が生じた場合に，メールなどのツールを利用することによって，速やかに回答を得ることができるようになった(学習の効率化).
(5) 受講者と教授者間における一方向的な一対一のコミュニケーションから，ネットワークを介した双方向で速やかなコミュニケーションが可能となった．また，受講者と受講者間におけるコミュニケーションも含んだ双方向，かつ，一対多のコミュニケーションが可能となった(双方向・一対多のコミュニケーションの実現).
(6) 教室授業や従来の遠隔教育においては不可能であった，複雑な計算を要する学習者の学習状況(プロフィール)に応じて即時に課題の設定を行い，評価を行う仕組みがコンピュータとネットワークを介することによって実現される可能性が広がった(Linn 1989).

ここまでの検討から，eラーニングは，コンピュータとネットワークを利用しなければ実現できなかった遠隔教育における多くの問題点を解決に導く可能性が大きいことが理解されるのではないだろうか．

2.3. eラーニングの展望と課題

eラーニングの登場によって，受講者の都合に合わせて，(1)好きな時間に，(2)好きな場所で，(3)時間的距離を気にすることなく，学習することができるようになり，このことは，遠隔教育における画期的な出来事であることは，ここまでの検討により明らかにしてきたとおりである．

遠隔学習者の大部分は25歳から50歳までの成人である(Kaye and Rumble

1981) ことを考慮すると，eラーニングには，次の問題点を挙げることができ，解決の方策が研究されなければならない．

(1) 学習者は，常に，コンピュータネットワーク環境が整備されたオフィスあるいは自宅において学習をしているとは限らない．
(2) 学習者の多くが，コンピュータに精通しているとは限らない．

前述した遠隔教育における3つの課題をeラーニングは解決することができたが，①学習者の利便性を考えた学習のためのコンピュータ機器の開発と，②それに合わせたコンテンツの開発，学習理論の構築が今後の課題として挙げられる．

注
(1) Moore (1996) は，「遠隔教育は，教える場所から離れたところで起こる計画的な学習であり，その結果，特別なコースデザインの技術，特別な教授法，電子技術や他の技術による特別なコミュニケーション方法，そして組織・運営面での特別な準備を必要とするものである」と定義する．
(2) アメリカにおける通信教育は，大きく2つに分けることができる (Glatter and Wedell 1971, MacKenzie, Christensen and Rigby 1968, Watkings and Wright 1992).
 　i) 「家庭学習」……通信制がなければ教育を受けられなかった人々に対して学習の機会を与えるもの．
 　ii) 「独立学習」……1968年に大学の通信教育者が家庭学習の学校と大学の通信教育を区別するために「独立学習」という呼称を使用するようになった．この団体は，後にNational University Continuing Education Association (NUCEA) となる．
 　NUCEAは，アメリカの通信教育課程を持つ大学の全国組織である．
(3) イギリスでは，AIMの実験結果を検証し，1969年にイギリス政府によって「完全な自治権を有した学位授与機関が設立された」(Moore 1996). 現在は，The Open University (http://www.open.ac.uk/) として運営されている．
(4) この場合の「音声会議」とは，家庭やオフィスにいる学生が一般の受話器を使い，公共回線を使って電話で授業を行うことをいう．現在，行われているような，スピーカーとマイクの付いた特別な機材を利用した，遠隔地にある学習に参加している多数の異なるグループを参加させるシステムとは異なるようである．

(5) マルチメディアを使った教育の草創期における"マルチメディア"の定義を以下に示す．

「マルチメディアについては，現在，各界共通の定義は存在せず，各々の視点や必要性から説明が行われている．文字，音声，映像等の多様な情報・表現形態を統合的に扱える情報媒体・機器といった側面，コンピュータを中核にテレビ，ビデオ，電話，ファックス等の性能を併せ持った装置という側面，これらの機能を活用して，受動的な利用にとどまらず，利用者が自由意志で情報の選択，加工編集ができる双方向性を持つといった側面などが，このような説明の中で取り上げられている．また，マルチメディアは，広い意味では，個々に独立して用いられる単体型と相互に通信できるネットワーク型が考えられ，前者をめぐってはさまざまな技術開発等が進められてきているとともに，後者については，光ファイバ等による高速通信網の基盤整備と密接に結び付いた今後の発展動向が注目される．

マルチメディアは，多面的な情報を一体的に扱える新しい情報手段としての特色を生かすことにより，今後，例えば，児童生徒の個に応じた指導の充実，学術情報・資料の高度利用，芸術分野への応用などに幅広く寄与することが期待されるとともに，情報化の進展が人間形成に及ぼすさまざまな影響についての留意点を把握しつつ適切に活用していく必要があると考えられる」(文部省(現文部科学省)1994).

「文字・グラフィックス・音声を含む情報ネットワークを作成・伝達・検索するためのコンピュータに制御された双方向コミュニケーションシステム」(Gayeski 1996).

「マルチメディアは，テキスト，音声，写真，アニメ，動画その他のメディアを通して，メッセージ(情報)を伝達する．これまでは，静止画はOHPやスライドで，動画は映写機やビデオデッキで，音声は，カセットレコーダーでといったように，それぞれの情報がそれぞれのハードウェアによって伝達されてきたが，コンピュータはそれらをデジタル情報として，一つの情報の形態の中に統合しているのである」(山口榮一 1998)

(6) Kaye and Rumble (1981) によれば，遠隔学習者の大部分は25歳から50歳までの成人である．このことから，遠隔教育をデザインする際には，成人学習理論(Cross 1981, Knowles 1978)が踏まえられることが重要である．Moore(1996)は，Knowlesの成人教育理論を，下記のように整理して示している．

- 子供の場合，コースで教えられる内容は教員の判断に任せられる．他方，成人学習者は自分自身で受講内容がどうであるかを判断するか，または少なくとも，受講内容が自分のニーズに関係あるものであることを納得している必要がある．
- 子供は教員に対する従属的な関係を受け入れている．他方，成人学習者は自主独往と自己責任の精神を持ち合わせている．
- 子供には学習の基盤となる個人的経験が少ない．他方，成人学習者はそのような経験を多く積んでおり，その経験が授業における学習資源として活用されることを肯定的に受け止める反面，他人の経験が優先され自分の経験が無視されることを不快に思う．

- 何を，いつ，どこで，どのように学ぶかについては教員が決定し，子供はそれに素直に従う．しかし，成人はそれらを自分で決めることを望んでいる．少なくとも教員が勝手に決めるのではなく，自分に相談してほしいと思っている．
- 子供は，将来にわたって人生の基礎となる多くの情報を取得しなければならない．成人学習者にとってその「将来」とは現在と同義である．成人学習者は基礎となる情報を得たうえで，現在彼らが抱えている問題解決のために学習が必要であると考えている．
- 子供には学習に対する外部的な動機づけが必要になる場合がある．他方，成人学習者は自らに内在する動機によって自発的に学習する．

参考文献

Cross, P. (1981) Adults as Learners. San Francisco: Jossey-Bass.

Gayeski, D. (1996) Maltimedia packages in education. In T. Plomp & D.P. Ely (eds.), *International encyclopedia of educational technology* (2nd Ed.). Peygamon.

Glatter, R., and Wedell, E. G. (1971) *Study by Correspondence*. London: Longmans.

Juliussen, K. P. and Juliussen, E. J. (1993) *6th Annual Computer Industry Almanac*. Lake Tahoe : Computer Industry Almanac, Inc.

Kaye, A., and Rumble, G. (1981) Distance Teaching for Higher and Adult Education. London: Croom Helm.

Knowles, M. (1978) *The adult Learner*. Houston, TX: Gulf Publishing.

Linn, R. L. (1989) *Educational Measurement 3d Ed*. National Council on Measurement in Education, American Council on Education, American Council on Educational and Macmillan Publishing Company A Division of Macmillan, Inc.（池田央，藤田恵璽，柳井晴夫，繁枡算男(編訳)(1992)『教育測定学』C.S.L. 学習評価研究所).

MacKenzie, O., Christensen, E. L., and Rigby, P. H. (1968) Correspondence Instruction in the United States. New York: McGraw-Hill.

文部省(現文部科学省)(1994)「平成6年度 我が国の文教施策 学校教育の新しい展開 ― 生きる力をはぐくむ」.

Moore, M.G. and Kearsley, G. (1996) Distance Education: *A Systems View*, Thomson Learning, London.(高橋悟(訳)(2004)『遠隔教育』海文堂).

鈴木克明(1997)「3章 マルチメディアと教育」赤堀侃司(編著)『高度情報社会の中の学校～最先端の学校づくりを目指す～』ぎょうせい.

Watkings, B. L., and Wright, S. J. (1992) *The Foundations of American Distance Education: A Century of Collegiate Correspondence Study*. Dubuque, IA: Kendall/Hunt.

Wedemeyer, C. A., and Najem, C. (1969) *AIM : From Concept to Reality. The Articulated*

Instructional Media Program at Wisconsin. Syracuse University: Center for the Study of Liberal Education for Adults.

山口榮一(編)(1998)『21世紀コンピュータ教育辞典』旬報社.

第3章　eラーニングの発展過程, 定義, 分類

3.1. eラーニングの発展過程

　eラーニングは，コンピュータテクノロジーの発展によってもたらされたが，第二次世界大戦以後のアメリカ軍における軍用技術の研究と，兵隊の訓練過程から得られた経験的な知見によるところが大きいとされる (Jhonson and For 1989).

　第二次世界大戦中，アメリカ軍は大勢の若者をトレーニングして複雑な武器や装備を使えるようにする必要に迫られ，教官たちによって試行錯誤的になされた漫画や映画などの視聴覚に訴えるトレーニング手法が机上教材の補助教材としてだけではなくトレーニングの中心となる方法としても効果があることが示され，視聴覚教育の研究が始まったことを契機とする (Horton 2000).

　トレーニングにおいてコンピュータが使い始められるようになったのは，

表 3-1-1　1950〜60年代における主なCAIの諸実験

研究機関	目的(またはシステム)
ニューヨーク州立大学	高校理科のシミュレーション
スタンフォード大学	初等学校の算数や語学の訓練・演習
イリノイ大学	PLATO(Programmed Logic for Automatic Teaching Operations)
ブリンガムヤング大学	TSICCIT(Time Shared Interactive Computer Controlled Information Television)

1950年代から1960年代にかけて行われたアメリカにおけるComputer Assisted InstructionあるいはComputer Aided Instruction(以下,単にCAIとする)に関わる諸実験が端緒とされている(表3-1-1)(Rockart and Morton 1975, Chambers and Morton 1983).

しかし,この時期のCAIは反復練習用の単純なものであり,コンピュータの物珍しさが学習者の興味を引き付けたものの,受講者がマニュアルに従って最初から順番に学習を進めるといった学習形式となっていたため,教材の内容と比較して受講者のレベルが高い場合には無駄が生じるとともに,決められた順番でしか学習できないため,受講者にとっては退屈なものとなり,効果的な学習を十分に提供できないという側面が指摘されていた.ここで指摘されたような教育学的立場からの批判,コンピュータ技術の未熟さ,高価なメインフレームコンピュータを用意しなければならなかったというコスト的な制約により,1970年代半ば以降,CAI開発が停滞する時期に入っていった.

その後,1980年代のパーソナルコンピュータの出現とApple社のMacintosh, Microsoft社の基本ソフト(OS) "Windows" の出現によって基本ソフトの互換性が確保されるようになり,トレーニングプログラムの開発環境が整えられた.一方で,教材として使用するプログラムやデータを記録しておく記憶媒体においても,CD-ROMなどの大容量補助記憶媒体の開発と技術的な進歩に伴って,1980年代後半から,コンピュータを使ったトレーニングシステムであるComputer-based Training(以下,単に"CBT"とする)が行われるようになった.CBTにおいては,教材をデータベースのように構成し,学習者自身が難易度や手順を設定しながら,自分に必要な部分や関心のある箇所を深く学習することができるようになった.またシミュレーションやビジネスゲームといった高度な学習システムも,このころから実現されるようになった.

1980年代におけるCBTの特徴は,ネットワーク環境が不十分であったために,教材は,CD-ROMやパソコン本体のハードディスクへインストールするといった方法により配布されていた(Balaraman 1991, Beheshti 1991).ここでは,従来からの学習のための道具である"紙と鉛筆"がパソコンに置き換わっただけで,単に受講するときにだけパソコンが使用され,教材の配布や評価(採点,あるいは測定)においては,郵便などの手段が利用されていた.こ

の学習形態においては，学習過程にコンピュータが導入されたという以外は，それまでの遠隔教育との相違がないために，学習過程における時間的距離が縮まることはなく，せっかくコストをかけて作成した教材がすぐに陳腐化してしまうことや，受講者と講師，または受講者間のインタラクティブなコミュニケーションが確保できないといった問題があった．

1990年代に入ると，ソフトウェアの進化とインターネットの普及に伴い，インターネットやイントラネットといったネットワークを介して教育コンテンツを学習者に配信するWeb-based Education(以下，単にWBEとする)が発展する．WBEとCBTとの大きな違いは，ネットワークを介しているか否かにあるが，WBEによって，双方向通信が可能となり，これまで課題とされてきた受講者と講師，あるいは受講者間におけるインタラクティブなコミュニケーションが可能となり，講師にあっては，リアルタイムな受講者の学習進捗状況の管理が実現した．

2000年代に入ると，大容量高速通信が可能な携帯情報端末(PDA)や携帯電話の進歩に伴い，これらのモバイルツールを使用したモバイルラーニング(m-Learning[1])の試みが報告されている(Morita 2003)．

ここまでの検討でeラーニングの発展過程を示した．eラーニングは，コンピュータを使った教育の総称である(川口2002)が，その要素と考えられている教育の形態と特徴を整理して示す(表3-1-2,図3-1-1)．

なお，CAI・CBT・WBTは，eラーニングという概念が登場する前から使われていた概念であるが，現在はeラーニングに含まれる概念である．

表3-1-2　コンピュータを使った教育の特徴

教育の形態	特　　長
CAI	マニュアルに従って最初から順番に進める
CBT	教材がデータベースのように設定され学習者が学習手順を設定する
WBT	教材がネットワークを通じて配布される教材の更新や学習評価が速い
e-Learning	IT技術を使った教育形態の総称として使われる
m-Learning	携帯情報端末(PDA)や携帯電話を使った教育

図 3-1-1　コンピュータを使った教育の時系列

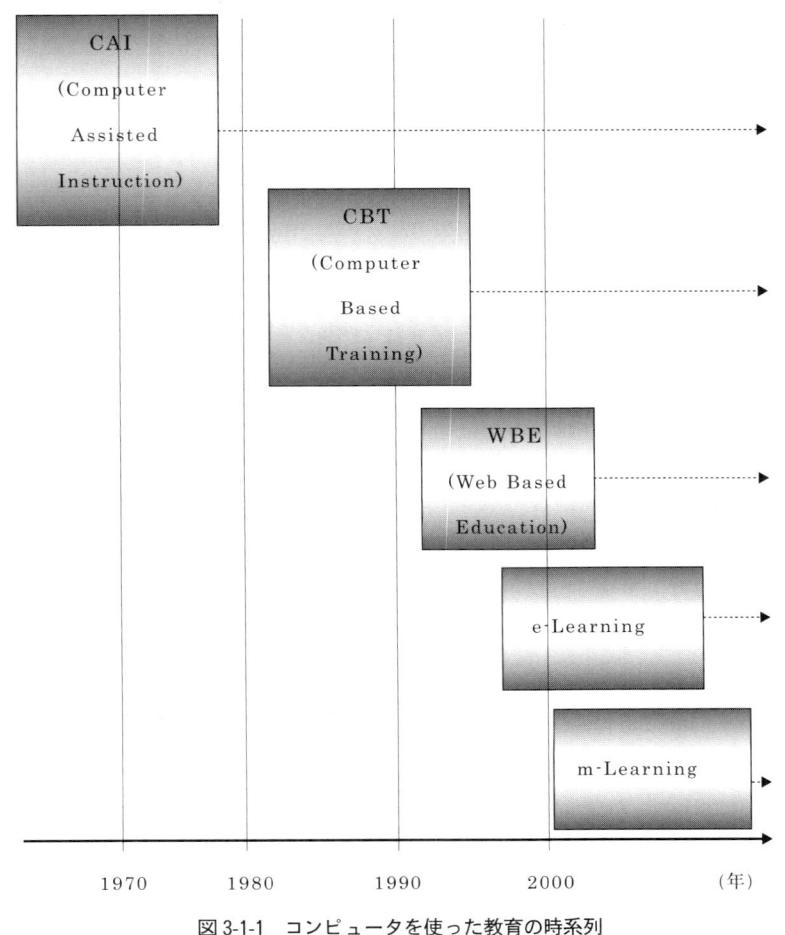

3.2. eラーニングの定義

　eラーニングという言葉が初めて使用されたのは，1999年11月，米国フロリダ州にて開催された「TechLearn1999」[2]においてであり，それまでCAI，CBT，WBE，オンラインラーニング，遠隔教育などさまざまな名称で呼ばれていたものが，初めて"eラーニング"という言葉に統合されて示されたとさ

れる(川口 2002).

　eラーニングの定義は，立脚する立場によって異なり，多義的な概念となっている．ここでは，eラーニングを理解するうえで重要と考える定義を示し，本書における立場を明らかにする．

　アメリカの組織学習・人材開発に関する会員制組織であるASTD(2001)[3]（米国人材教育開発協会）は，次のような定義づけを行っている．

　「eラーニングとは，明確な学習目的のために，エレクトロニクス技術によって提供され，可能とされ，伝達されるあらゆるものである」．

　また，Broadbent(2002)は，次のような定義付けを行っている．

　「eラーニングは，デジタル化されていることが重要であり，デジタル化されたトレーニング，教育，コーチング，情報を意味し，同期・非同期，インターネット・CD-ROM・衛星・電話，パソコン・PDAなどの無線機器，マルチメディア・CBT・テクノロジーに支援された学習を含む」．

　Rosenberg(2002)は，次のような定義付けを行っている．

　「e-ラーニングとは，知識とパフォーマンスを高めるために，インターネット・テクノロジーを利用してさまざまなソリューションを提供することである」．

　日本において先進学習基盤協議会(2003)は，「コンピュータやネットワークを使ったという意味が含まれ，情報技術を使うことにより，これまでできなかった学びの形態を可能にしている」ことを強調し，長所として，①個別学習に適する，②学習者が主体性をもつ，③教材の選択範囲が大きい，④双方向性を有する，⑤進捗管理が容易，⑥いつでも，どこでも，⑦学習コストが低い，⑧学習効率，学習効果の向上，⑨教材の配信スピードが迅速，を挙げる一方で，課題として，①情報端末がないと学習できない，②個別学習が原則であるため緊張感が維持できない，③学習の中できめ細かい指導が受けられない，などの特徴を踏まえ，次のように定義している．

「eラーニングとは，情報技術によるコミュニケーション・ネットワーク等を使った主体的な学習である．コンテンツは学習目的に従い編集され，学習者とコンテンツ提供者との間にインタラクティブ性が確保されていることが必要である．ここでいうインタラクティブ性とは，学習者が自らの意志で参加する機会が与えられ，人またはコンピュータから学習を進めていく上での適切なインストラクションが適時与えられることをいう」．

この定義において重要なのは，①学習時間の自由度，②インタラクティブ性，の2つの要素である(表3-2-1)(図3-2-1).

表3-2-1 eラーニングの代表的な形態

形態	概要
WBT	Eメール，掲示板，学習管理機能，教材作成機能などを活用する
WBT以外のeラーニング	テレビ電話，テレビ会議，放送，衛星通信によって配信される
ブレンディング	従来型の教室授業と，eラーニングとを組み合わせた授業形態

(先進学習基盤協議会，2003)

香取(2001)は，eラーニングの多義性に着目し，広義のeラーニングと狭義のeラーニング，遠隔教育という3つの大きな枠組みを示し，それぞれを構成する要素を整理することによって議論の主旨を明確にすることを試みている(図3-2-2).

鈴木(2004)は，香取(2001)の議論を踏まえ，<u>当面</u>と前置きしたうえで，次にように定義付けを行っている．

「eラーニングとは，知識とパフォーマンスを高めるためにインターネット・テクノロジーを利用してさまざまなソリューションを提供することである．eラーニングシステムとは，組織における人材開発のために用いられる仕組み全体を指し，ナレッジ・マネージメント・システム(KMS)やパフォーマンス・サポートシステム(PSS)やオンライン及び対面でのトレーニングなどを含むも

のである．eラーニングコースとは，オンラインで提供されるトレーニングモジュールのことを指し，それが用いられるeラーニングシステムの影響を受けるサブシステムである」．

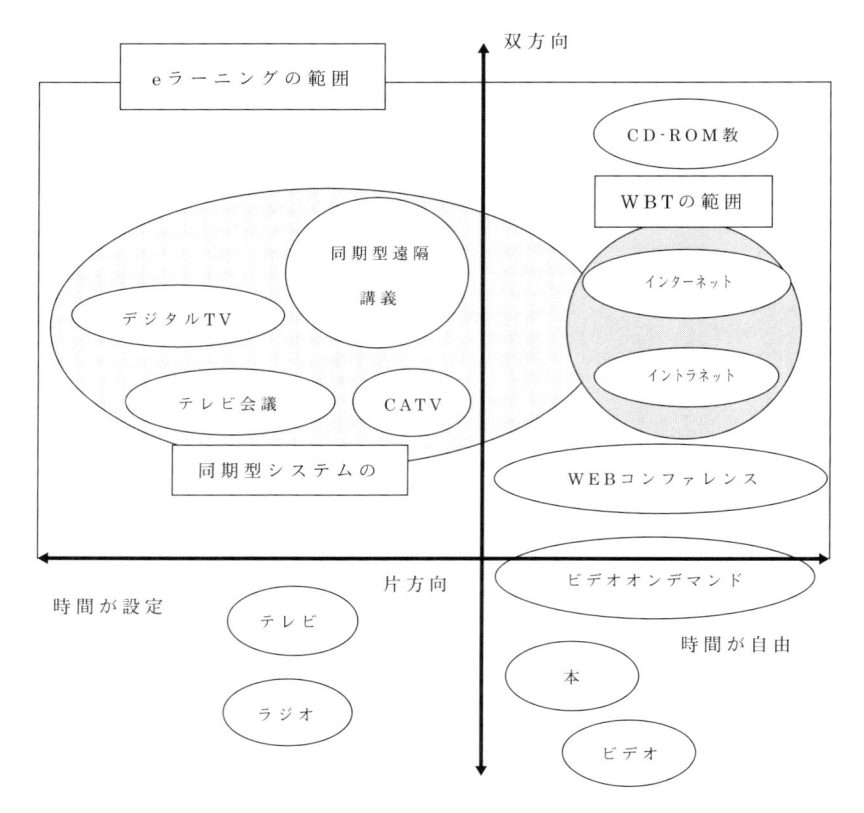

図 3-2-1 さまざまなシステムにおけるeラーニングの位置付け
(先進学習基盤協議会，2003)

注） 時間が自由：受講者の好きな時間に学習できる／時間が設定：受講時間が設定されているまたは制約があるもの
双方向：受講者と教育者側とのやりとりがあるもの／主として受講者が一方的に

ここまでの議論を整理すると，eラーニングの定義が多義的に使われていることがわかるが，少なくても次の条件は満たす必要があるように思われる．

```
┌─────────────────────────────────────────────────┐
│  遠隔教育(ディスタンスラーニング)                    │
│   ┌──────────────────────────┐                  │
│   │  広義のeラーニング            │                 │
│   │                    ┌──────────┐             │
│   │                    │  EPSS    │             │
│   │   ┌──────────────┐ └──────────┘             │
│   │   │ 狭義のeラーニング│ ┌──────────┐           │
│┌──┐│   │┌────┐┌────┐  │ │KMS(ナレッジ・│         │
││通信││   ││CAI ││WBT │  │ │マネージメント・│        │
││教育││   ││CBT ││    │  │ │システム)    │         │
││(PBT)│  │└────┘└────┘  │ └──────────┘          │
│└──┘│   │┌────┐┌────┐  │ ┌──────────┐          │
│    │   ││衛星遠││同期型学││ │ネットワークを活用│        │
│    │   ││隔教育││習システム││ │したコラボレーショ│       │
│    │   │└────┘└────┘  │ │ン(オンライン・ラ│        │
│    │   └──────────────┘ │ーニング・コミュニ│       │
│    │   ┌──────────┐    │ティ)(ナレッジ・マ│       │
│    │   │eラーニング化  │   │ネージメント・シス│       │
│    │   │した集合研修   │   │テム)     │          │
│    │   └──────────┘    └──────────┘          │
│    └──────────────────────────────┘           │
└─────────────────────────────────────────────────┘
```

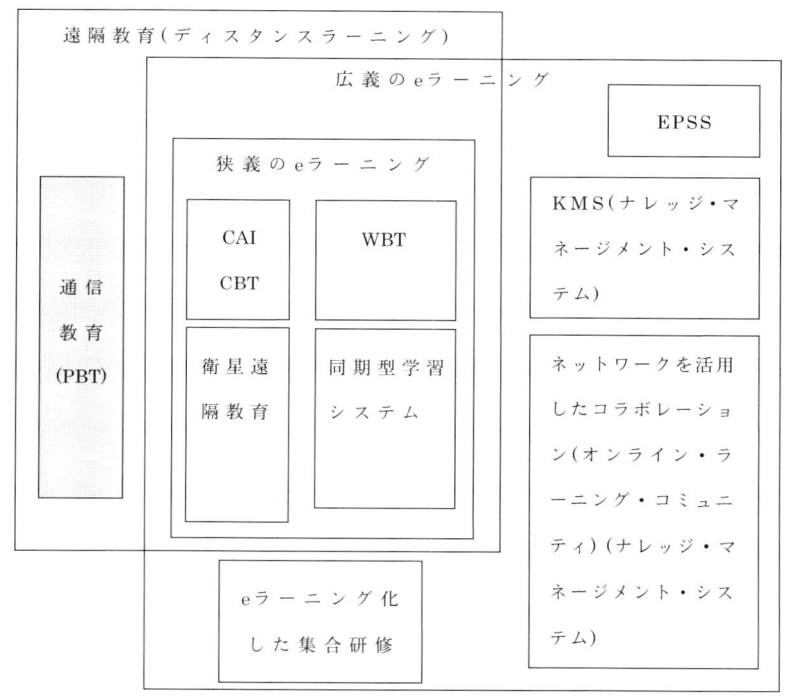

図 3-2-2　eラーニングの類似概念

(香取，2001)

① 学習のための主たる道具がコンピュータであること．
② 教材の全部あるいは一部がデジタルコンテンツにより提供されていること．
③ 教材の配布,学習過程,学習成果物の提出にインターネットが介在していること．

3.3. eラーニングの分類

eラーニングの構成要素は論者によって範囲がさまざまであるが，ここでは，コンピュータを使った教育の発展過程(図3-1-1)に沿って，eラーニングの構成要素の特徴について考察を行うこととする．

3.3.1. CAI(Computer Assisted Instruction)

コンピュータを利用した教育システムをCAIという．CAIにおいては，コンピュータに教授内容および学習方法に関する情報があらかじめプログラム化されており，学習者は，自分の都合に合わせて学習することができるという利点を持っている．CAIを使った学習は，CAIで使用されるコンピュータのなかに教師の持つ専門知識と教授のための専門技術があらかじめプログラム化され保存されており，学習者が学習を進めていく過程で説明が行われたり，学習の過程で躓いたときに学習者より質問がなされ，それに対してあらかじめプログラム化されている回答が提示されるといった方法が一般的なものである．

CAIにおいては，"教師と受講者とのコミュニケーションをどうとるか"，が大きな問題となるが，この問題に関して，岡本(1988)は，CAIを利用した場合の教師から受講者への知識伝達のプロセスを示している(図3-3-1)．

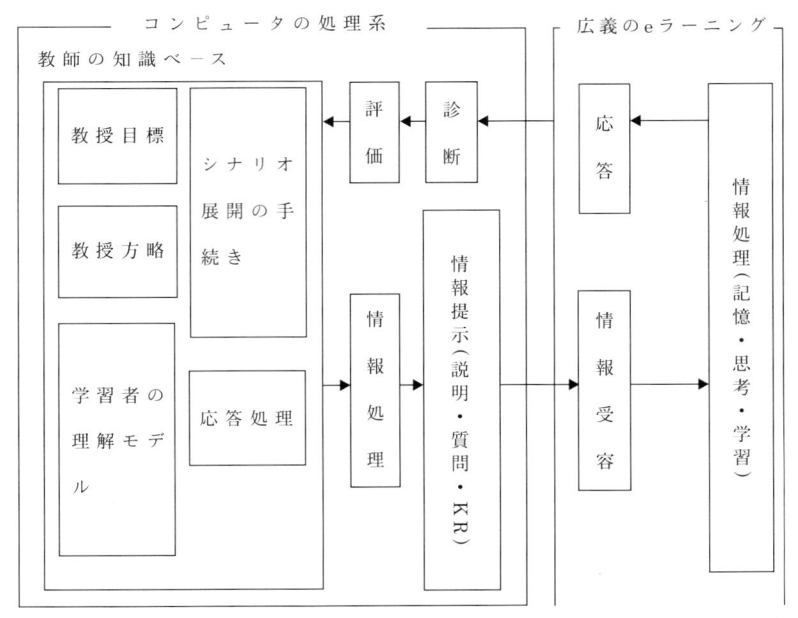

図3-3-1　CAIによるコミュニケーション過程
(岡本，1988)

また，岡本(1992)によれば，CAIの学習形態は次のように整理される．

(1) ドリル＆プラクティス様式

紙と鉛筆(Paper & Pencil)で行われてきた，ドリル形式をコンピュータ上で実現したもの．

(2) チュートリアル様式

説明フレームと問題フレームから構成され，回答の内容に従ってあらかじめ決められた分岐先に飛ぶ．教材プログラム内で，正当数や誤答数，学習所要時間等が記録されそれらの値を参照することによって飛び先やKR(Knowledge of Result)メッセージが決定される．

(3) ゲーム＆シミュレーション様式

教材の組み立として，ゲーム(コンピュータと学習者，コンピュータを介した学習者間)的要素やシミュレーション的要素を取り入れたCAIである．教授対象が持つ物理的原理を確率的にせよ，数学的，論理的モデルで表現する．

(4) 問題解決様式
① 特定の問題設定がなされ，CAIを利用して，その問題を解決していくもの．この場合，CAIは問題解決の助言者または道先案内人である．
② CAIが問題解決のツールとして機能するもの．各種実験ツール，データ分析パッケージ，CADなどのCAI的利用ということができる．

(5) 質問＆応答様式

ある教育目標の学習において，学習者がシステムに質問したり，またシステムが学習の文脈に基づいて学習者に質問したりし，対話形式で学習が展開される様式．

3.3.2. CBT(Computer Based Training)

教材をデータベースのように構成し，学習者自身が難易度や手順を設定しながら，学習者が必要な部分や関心のある箇所を深く学習できるようになった．またシミュレーションやビジネスゲームといった高度な学習システム開発され，人間とコンピュータ間でのインタラクティブな学習が実現できるようになった．一方で，講師と受講者，または受講者間のインタラクティブなコミュニケーションが難しいことが課題として挙げられる．教材の配布や学習者が学習を行う際にネットワークを介在させず，教材コンテンツを配信する時のネットワークへの負荷を考慮する必要がないため，データ量の大きい動画やアニメーションを取り入れたコンテンツを作ることができるという利点もある．

3.3.3. WBE(Web-based Education)

インターネットなどのネットワークを介在させて教育を行う．教材の配布，学習，評価といった教育活動のすべてをネットワークを介在させて行う場合もあれば，教育活動に必要なコンポーネントの一部にネットワークを介在させる場合もある．

WBE における学習形態は大きく以下の 2 つに分けられる．

(1) 同期型学習 (ライブ型 e ラーニング)

遠隔地に分散する受講者が同じ時間帯にネットワークを介して一同に遠隔講義を受講する．

(2) 非同期型学習

受講者が自分の都合に合わせて，必要なコンテンツをダウンロードして学習を行う．

3.3.4. m-Learning(モバイルラーニング)

昨今の携帯電話や携帯情報端末 (PDA) は，電話としての機能以外にも，メール，Web 閲覧等の機能が装備されており，学習端末としての利用が研究され始

めている.
m-Learningの活用例としては,次のものがある.

学校教育においては,
 i) 技術家庭などの実習を要する教科を対面授業で行う場合に,教師の受講者評価,学生から教師へ質問する際のツールとしての利用に関する研究（安藤ほか 2003）

企業内教育においては,
 ii) WBTで学習を行い,そこで解答できなかった問題等をi-modeの携帯端末で学習するシステム[4]
 iii) PC経由で教材をPDAに受け取り,PDA単独で教材を持ち出すことができる機能を実現し,オフラインで通勤・通学などの空時間を利用して学習することを可能にしたシステム[5]

しかし,m-Learningは,eラーニングで学習を行う場合のツールとしての利用が多いようである.m-Learningは,パソコンによるWBTにない手軽さ（ポータビリティ）があり,通勤・通学などの空時間を利用することができるので,それまでのeラーニングと比較した場合に,"いつでもどこでも学習できる"といったeラーニングの利点を,より一層進展させることができる可能性を持つ一方で,パソコンと比較した場合に,携帯電話は表示画面が小さく,携帯情報端末(PDA)は操作性に制約がある,といった短所があることから,m-Learningが,それ自体として単独で完結するのではなく,他の学習メディアとのブレンディングによる学習システムの開発が進められている.

注
(1) m-Learningについて,イギリスのe-learning centreは,次のように定義づけている.
 "Mobile learning is the use of learning solutions on mobile or wireless devices - and this covers a number of aspects - laptops using wireless connections; PDAs and mobile phones".

(2) 1999年10月31日～11月3日の4日間にわたってアメリカフロリダ州オーランドにおいて開催されたカンファレンス．Masie Center (http://www.masie.com/) が主催した．
(3) ASTD は，American Society for Training & Development (米国人材教育開発協会) の略称である．1944年に企業内教育および業績向上を目指して設立された．ヴァージニア州アレクサンドリアを本部とし，世界100か国以上の国々に約160の支部を持ち，2万を以上の企業や政府団体，教育・研究機関等に所属する企業内教育の実務家，大学の研究者およびコンサルタント約7万人から構成される非営利団体である(http://www.astd.org/astd).
(4) ＮＴＴソフトウェア株式会社が同社の開発した CALtutor という WBT システムを利用して開発したシステム (http://www.ntts.co.jp/ps/caltutor/index.html)．
(5) イリンクス社が開発した「Xiino (ジーノ)」と呼ばれる，PDA向けの多機能Webブラウザを用いた「Xiino ラーニング」というm-Learning システム (http://www.ilinx.co.jp/)．

参考文献

安藤明伸，安孫子啓，杵淵信，堀田隆史 (2003)「教育現場における携帯電話のツール的活用に関する試み」シンポジウム「ケータイ・カーフビの利用性と人間工学」研究論文集, 93-98.

Balaraman, K. (1991) End-user studies in CD-ROM environment: Work in progress, *Proceedings of the ASIS Annual Meeting*, 28: 283-294.

Beheshti, J. (1991) Retrieval interfaces for CD-ROM bibliographic database. *CD-ROM Professional*, 4(1): 50-53.

Broadbent, B. (2002) ABCs of E-Learning: Reaping the Benefits and Avoiding the Pitfalls, John Wiley & Sons Inc.

Chambers, J.F. and Morton M.S.S. (1983): Computer-Assisted Instruction, Prentice-Hall, New Jersey (日本知識工学会，詫間晋平，菅井勝雄 (監訳)(1986)『コンピュータ利用の教室学習』同文書院).

Debi Scholar (2001) "The First Approach to E-learning", Performance in Practice. ASTD, Spring.

Horton W. (2000) "Designing Web-Based Training: How to Teach Anyone Anything Anywhere Anytime", John Wiley & Sons Inc, New York.

Jhonson, K.A. and For, L.J. (1989) Instructional Design: New alternatives for Effective Education and Training, American Council and Macmilan Publishing Company, New York.

香取一昭 (2001)『e ラーニング経営：ナレッジ・エコノミー時代の人材戦略』エルコ．

川口大輔 (2002)「Eラーニングとは」『企業と人材』産労総合研究所, 2002.11.20号．

Morita Masayuki(2003) The Mobile-based Learning (MBL) in Japan, Poster Presentations, Conference on Creating, Connecting and Computing(C^5 2003), 31 Junuary 2003, Kyoto, Japan. IEEE Computer Society 2003.
(http://csdl.computer.org/comp/proceedings/c5/2003/1975/00/19750128.pdf)

岡本敏雄 (編)(1988)『授業への CAI の導入と原理』みずうみ書房 .

岡本敏雄 (1990)『教育における情報科学』パーソナルメディア .

岡本敏雄 (1992)「CAI」『情報通信時代の教育』電子情報通信学会，pp91-95.

Rockart, J.F. and Morton, M.S.S. (1975)：Computers and the learning process in higher education, McGraw-Hill, New York.

先進学習基盤協議会 (ALIC)(編著)(2003)『e ラーニング白書 (2003/2004 年版)』オーム社 .

鈴木克明 (編著)(2004)『詳説インストラクショナルデザイン　e ラーニングファンダメンタル』日本イーラーニングコンソシアム .

Rozenberg, M.J. (2001) E-learning: Strategies for delivering knowledge in the digital age, McGraw-Hill.(中野広道 (訳)(2003)『E ラーニング戦略』ソフトバンクパブリッシング).

第4章　今日のeラーニングにおけるインストラクショナルデザインの理論的再検討

4.1. 問題の所在

　eラーニングが重要とされるのは，従来の教室授業で行われてきた講師側における教材提示の道具としての"黒板"と，受講者側における学習するための道具としての"紙と鉛筆"(paper and pencil)に，コンピュータがとって代わることができるという点にある(図4-1-1).

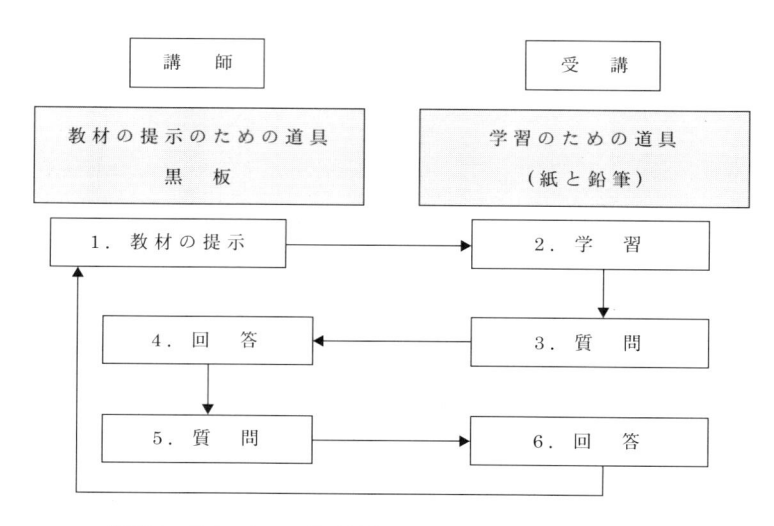

1. 授業は，教室における対面授業による.
2. 授業は，1～6の繰り返しによる.

図4-1-1　教室における対面授業の形式

さらに，eラーニングでは，必ずしも授業が教室における対面形式により行われる必要はないことから，コンピュータは，遠隔授業における教師と受講者間の，また，受講者間のコミュニケーションツールとしても重要な役割を担うこととなる (図 4-1-2).

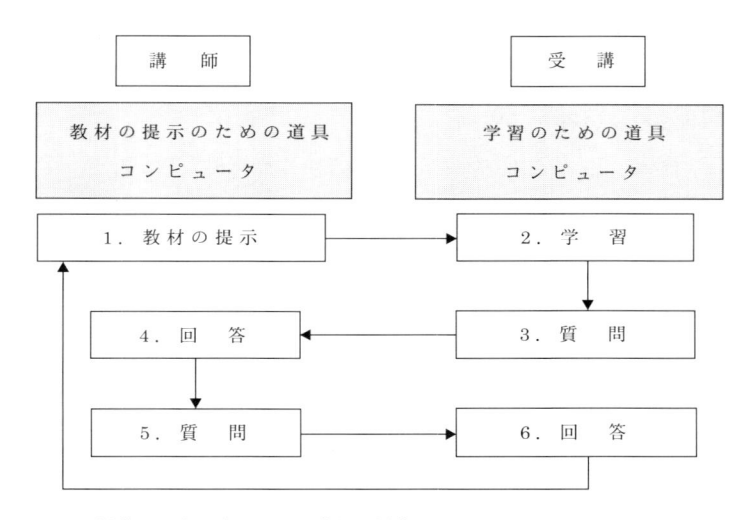

```
        講　師                    受　講
┌──────────────────┐      ┌──────────────────┐
│ 教材の提示のための道具 │      │  学習のための道具   │
│   コ ン ピ ュ ー タ   │      │   コ ン ピ ュ ー タ   │
└──────────────────┘      └──────────────────┘

┌──────────────┐ ──→ ┌──────────────┐
│ 1. 教材の提示 │       │  2. 学　習    │
└──────────────┘       └──────────────┘
       ↑
┌──────────────┐ ←── ┌──────────────┐
│  4. 回　答    │       │  3. 質　問    │
└──────────────┘       └──────────────┘
       ↓
┌──────────────┐ ──→ ┌──────────────┐
│  5. 質　問    │       │  6. 回　答    │
└──────────────┘       └──────────────┘
```

1. 授業は，遠隔地における非対面授業による．
2. 授業は，1～6の繰り返しによる．

図 4-1-2　eラーニングにおける遠隔授業の形式

このようなeラーニングを取り入れた教育において重要になってくるのは，インストラクショナルデザイン (以下単に ID とする) という概念である．このID を研究対象とするのが ID 研究であるが，日本における ID 研究は，eラーニングにおける教育コンテンツをどのように設計し，また，展開すると，より大きな教育効果が得られるか，ということを問題として，情報工学あるいは教育工学の立場から研究課題とする傾向が強いように思われる．

それは，日本におけるIDが，①特に企業業績に寄与するためのコンピュータを活用した企業内教育において発展してきたことと，②日本における工業化社会が，大量生産，品質第一，コストダウン一辺倒で走ってきた (小松 2004) こ

とによる影響が大きいと考えられる．コストダウンを志向するなかでは，企業業績への影響が短期に現れるコンピュータシステムの開発に比べて，影響が現れにくい企業内教育における ID の調査・企画段階が軽視される傾向が強く，企業内教育担当者に ID に精通した人間が養成されにくい傾向にあったという歴史的背景によるところが大きいからではないかと考えられる[1]．

このことから，教育工学からのアプローチが主流となっており，研究成果も数多く報告されている[2]．

一方で，ID は，アメリカにおいて発展してきた歴史的背景がある．アメリカの ID 研究は，e ラーニングが登場する以前から議論されてきた研究課題であり，必ずしも e ラーニングと結び付けられて論じられているというわけではなく，受講者を教師の設定した教育目標にどのような方法により到達させるか，というグランドデザインが描かれ，そこで設定された目標をさらにいくつかのパートに分解し，それぞれについて設定された教育目標に対し，パート毎の ID がなされる，という授業設計などを含んだものとしての ID を研究の対象としており，日本における ID より広義に捉えられている．

Gagné et al. が 1971 年に，"*Instructional Design : Principles and Applications*" において展開した議論が ID を取り上げた先駆となる研究の 1 つである．

この広義の意味における ID は，日本において「教授設計」と訳されて紹介されている．

本章の目的は，e ラーニングにおける ID が登場する以前になされてきたアメリカにおける Gagné et al. の ID 研究に e ラーニングにおける ID を加えたうえで，教育学的理論的見地から検討を加えることである．

e ラーニングをめぐるあらゆる意味における環境が目まぐるしく変化し，ID 研究が，e ラーニングを意識した傾向が強まる中で，教育学における基礎的理論的アプローチは，その重要性があらためて認識される必要があり，この分野からの議論の活発化は，ID の発展において欠かすことのできない重要な課題である．

本章の構成は，最初に，企業内教育で発展してきた日本における ID の発展過

程と，それを実行しようとする場合の設計工程を簡単に整理して示す．次に，ID 研究の教育工学分野からのアプローチにおける成果である CAI について，日本における研究動向を概観する．

そのうえで，ID に関する研究[3] を基に，ID の教授学における基礎的理論的枠組みを明らかにすることを試みる．

これらをふまえて，最後に Gagné et al. の提唱した ID の今日における学問的意義，および，特徴を振り返り，日本における ID 研究に対する簡単な提言を試みる．

筆者が，教育学的視点からの理論的アプローチを重要と考えるのは，ID の研究は，教育工学的アプローチからの研究成果に基づく知見や意義が重要視される一方で，教育思想あるいは教育哲学に裏打ちされた理論的検討も加えられ，双方の相乗効果として発展するべきものであり，相互の関連が明確に示されてはじめて，ID 研究が発展するものであると考えるからである．

4.2. インストラクショナルデザインの発展過程と工程

4.2.1. インストラクショナルデザインの発展過程

ID は，1950 年代後半のアメリカ軍における兵員教育，そして，その後になされた大学やさまざまな教育機関，そして，企業における研究と実験によって発展してきた[4]．

そこでは，あらかじめ決められた教育目標が事前に設定され，その目標に到達するためには，どのような教育方法に基づいて，どのように教材を設計し，どのように教材を提示し，学習させるか，そして，学習成果をどう測定するか，という一連の過程を設計することが主な目的とされてきた．1960 年代の CAI(Computer Assisted Instruction)，1970年代の CMI(Computer Managed Instruction) などの試みが，具体的実践として，よく知られている．

ID が，特にアメリカの企業内教育において発展してきた大きな理由は，アメリカ各地に散らばった社員に対し，時間的，地理的な制約を排除し，いつでもどこでも，受講者の自由意思によって企業内教育が受けられるという効率の良

さ，および対費用効果によるところが大きい．

　本来，最も効果的な企業内教育は，教育がなされようとする業務の遂行現場におけるエキスパートによる徒弟教育であるとされるが，時間的，地理的な制約に加えて，人員的な制約が加わり，多くの社員を抱える企業においては，このような教育は，ひじょうに困難なこととなる．これが実現できないがために，一箇所に社員を集めて集中的に教育を行う集合研修が提案されることとなるわけであるが，これも，時間的，地理的，および費用的な制約により，頻繁に行なわれる場合にあっては不向きである．このような試行錯誤の過程を経て，時間的，地理的，人員的，および費用的な制約を軽減することのできる ID が開発され，発展してきた．

　この場合の ID の主な目的は，従業員が仕事を遂行するうえで必要とされる知識，あるいは技能を獲得させることであり，それらは，インストラクション(教授)というよりはトレーニング(訓練)といった意味合いが強いように思われる．

　また，企業内教育の方法に目を転じた場合に，それらは，長きにわたって，講師にあっては"紙(Textbook)"，受講者にあっては"紙と鉛筆(Paper & Pencil)"を主な道具として行われてきた．それは，遠隔教育にあっても同様であり，ID も郵便を使った紙と鉛筆(Paper & Pencil)による教育を念頭に置いたものであったが，コンピュータの発展によって，Web-based による e ラーニングを積極的に導入する企業も増えてきている．

4.2.2. インストラクショナルデザインの工程

　企業内教育における ID は，大きく 5 つの工程に分けて説明することができる[5]．

(1) 業務分析と目標設定

　教育が行われる前に，教育目標が設定される必要がある．教育目標は，現在の業務を詳細に分析し，その分析結果を基にして設定されなければならない．ここで重視されなければならないのは，「何を行うために」「何を」「誰に」学習

させるかという事柄である．

(2) 設計
現在の業務分析がなされ，教育目標が設定されれば，受講者の特性に配慮された教育内容と提供手段が選択されなければならない．

(3) コンテンツの開発
個別学習を行う際にも，また，集合研修を行う際にも，コンピュータやA/V機器を活用した教育を行おうとする場合に，すべてのコンテンツをコンピュータ画面上で展開させることは，コンピュータの能力的問題，資金的問題等により，ひじょうに難しい．したがって，現段階では，コンピュータを使ったインストラクションにおいても，印刷教材としてのテキストは必要とされる．この場合に，主なコンテンツはコンピュータを介して提供されるので，その内容を補助的に補うもので，コンピュータによるインストラクションの成果を十分に引き出すように構成されていなければならない．

また，テキストと同様に考慮されなければならないのは，コンテンツの提示を行うマルチメディア教材である．マルチメディア教材は，OHPフィルムによる図表，イラスト，写真，静止画像，動画像など，さまざまな提供方法が考えられるが，これらの提供にあたっては，「話しかけ」て「見せ」，「質問を受ける」といった「対話性」が十分に考慮される必要がある．

(4) コンテンツの提示
開発されたコンテンツは，受講者の学習環境が考慮され，ビデオテープ，オーディオテープ，テキストなどで提供される．Web-based Learning(WBL)にあっては，パソコン(PC)によって提供される．パソコンは，eラーニングにあっては，遠隔地にあるサーバーに蓄積された自習学習用のコンテンツを呼び出す端末として利用される．

(5) 教育効果の測定

　企業内教育の最終的な目標は，その教育が企業の利益に寄与することにある．したがって，そこで提供される教育を受講した後には，その教育目標に到達していなければならない．しかし，現在の評価方法の多くは，教育終了後の簡単なテストやアンケートにとどまる場合が多く，企業内教育におけるIDにおいて，最も重要と考えられる工程でありながら，評価方法については，その開発と利用が遅れているように思われる[6]．企業内教育の成果は，実際の仕事の場面でその成果が利用されて初めて評価し得る性質のものであるため，テストやアンケートを行っただけでは，設定された教育目標を評価し得るものではないと考える．設計されたIDがこの工程において最終的に評価されることを考えるならば，不十分な評価測定にとどまるこの工程の改善がIDの発展に寄与するものと考える．

4.2.3. インストラクショナルデザインの問題点

　企業内教育におけるIDは，トレーニングの要素が強調されているように思われる．これは，企業内教育にあっては，業務遂行能力の獲得が最大の目的であり，その能力の獲得過程，あるいは教育方法，理論的背景を扱う要素については，重要視されない傾向が強いことに起因するものであると考える[6]．

　企業内教育において発展してきたIDの問題点は，企業内教育担当者のなかで，インストラクション（教授）とトレーニング（訓練）との混同が生じていることである．教育学の立場からは，トレーニング（訓練）は，インストラクション（教授）の構成要素の1つであり，IDは，教育理論の枠組みの構築と併せて，インストラクション（教授）との連関において論じられなければならないと考える[7]．

4.3. CAIの研究動向

4.3.1. CAIの発展過程と問題点

　CAIは，コンピュータに教授内容，教授方法（受講する側から見た場合には，

「学習方法」），評価方法に関する情報をあらかじめプログラム化しておき，それを受講者自身が，自分のペースで学習を進めていくことのできるコンピュータシステムのことである．このコンピュータシステムの開発および発展は，教育工学における大きな成果である．教育工学においては，教授および学習プロセスを科学的に分析し，そこで得られた成果を基に，工学的見地に立ったデザインがなされ，設計・開発されたコンピュータシステムを実際に履行させ，それによって得られた知見の蓄積がなされてきた．この知見の蓄積は，IDの教育工学からのアプローチにおける重要な成果である．

教育工学からのアプローチに基づくID研究の蓄積は，教育学における"設計（あるいはデザイン）"概念を，より精緻に至らしめたという点において大きな意味を持つ．このID研究において，教授する側の技量と学習する側の意欲に大きく依存していた教育方法が，科学的考察の対象となることとなり，併せて，科学的理論に基づく教育評価方法の開発に寄与することとなった．

CAIは，米国のみならず，世界各地において設計・開発が進められており，その発展過程を示すのはひじょうに困難である．しかし，CAIは米国で開発が始まったという意味において，米国における初期段階の研究を概観することは，意義深いものと考える．

米国においては，研究機関にあっては，ダートマス大学，スタンフォード大学，イリノイ大学，テキサス大学において，民間にあっては，IBM，CDCなどのコンピュータ会社，カーネギー財団などの研究・開発が端緒である（岡本，1992）．

当時のコンピュータシステムは，ひじょうに大型なハードウェアを要し，ソフトウェアにおいても大規模なシステムを要し，電力や人件費などの維持費において，莫大な資金と人材の投入を必要とするものであったことから，それらの資源の投入が可能であったアメリカにおいて発展したものであった．もう1つの発展動機は，コンピュータの応用システムとしての魅力によるところが大きい．

翻って，日本におけるCAI研究開発は，1963年の通産省工業技術院電気試験所におけるCAIシステムの研究に始まったとされている．教育機関におい

ては，1966年の香川大学附属高松中学校におけるKANEKOMと称されるCAIシステムが最初とされている(岡本,1992). この研究を端緒として，その後，多くの大学において，CAIシステムの研究が行われることとなる．民間の会社においては，日立製作所，富士通，沖電気，日本電気(NEC)，東芝などにおいて開発が始まり，社員教育に利用されてきた．これらの民間企業で開発されたシステムが，日本におけるIDの発展に寄与することとなった．同時に，民間企業における研究開発は，"使いやすいシステムをどう構築するか"，"それをどのようにコンピュータシステムにおいて実現するか"という技術開発的側面からのアプローチが強調されることの要因の1つとなったのではないかと考える．このことが，日本におけるID研究において，工学的技術的側面からのアプローチが強調される要因となったことは否定し得ない．

4.3.2. CAIを使った学習形態

CAIを単なる"教育支援システム"，すなわち，"黒板"，"紙と鉛筆"(paper and pencil)に代わる道具，または，これらの道具を補完するものという立場からの研究開発は，IDにおけるコンピュータシステムの利便性の追求という側面を強調するものとなった．このアプローチからの研究は，次に掲げるようなCAIシステムの構築に寄与した．

(1) ドリル型

"紙と鉛筆"(paper and pencil)によって行われてきたドリル形式を，コンピュータベースに置換したもの．CAIの最も単純で簡単な実現形式である．

(2) チュートリアル型

問題が提示され，それに対する解答を入力すると，その解答内容に従ってあらかじめ決められた分岐先の内容が表示される．1問1答式で展開されるため，あたかもコンピュータと対話しているかのように学習を継続することができる．誤答が生じた場合は，正答を示すとともに，解法を提示することもできるし，問題提示に戻って，再解答することもできる．

(3) 問題解決共同型
ある問題が設定され，CAIを利用してその問題の解決までを導く型．

(4) 問題解決ツール型
設定された問題を解決するための道具としての機能を提供する型．

これらの他に，これらの型のいくつかを組み合わせたもの，学習機能を備えたもの，AI機能を有したものなども研究されている．

ここで述べたものは，IDにおける教育工学からのアプローチにおける研究成果である．

4.4. Gagné et al. のインストラクショナルデザイン (ID)

4.4.1. インストラクショナルデザイン (ID) の理論的枠組み

Gagné et el. が，著書 "*Principles of Instructional Design*" において ID に言及したのは，1974年のことである．[8]

この著書においては，序論においていくつかの仮説が提示されているが[9]，ここで示された内容において，特筆されなければならないのは，第1に，第3の仮説で示されている「人間の発達に言及しながら，要求および目標の設定から開始し，授業における目標の決定，授業計画，教材開発，そして，評価までのIDにおける一連の流れを示しているところ」であり，第2に，第4の仮説において示された，コンピュータが，当時未発達であるにもかかわらず，「コンピュータを援用したID」に言及し，"教授設計へのシステムアプローチ" という分析枠組みを提唱しているところである．

"教授設計へのシステムアプローチ" が注目すべきことと考えるのは，①教授過程をシステムとして捉えることによって，教授事象に設計という概念を持ち込んだこと，②コンピュータが発達していない当時に，コンピュータの教育過程における利用について言及したこと，そして，③この2つの仮説が今日のeラーニングにおけるインストラクショナルデザインに大きな影響を及ぼし，そ

の土台となったからである．ただし，Gagné et el. は，コンピュータの利用について，学習するための道具というよりは，学習過程に刺激を与える道具として捉えていたことに注意する必要がある．

そして，"教授設計へのシステムアプローチ"は，CAI 開発の理論的根拠の1つとなり[10]，現在の e ラーニングにも影響を及ぼしている．

4.4.2. インストラクショナルデザイン (ID) 理論の諸段階

ID が構築されるためには，何が学習されるべきか，という点において，理論的根拠が確立されている必要がある．Gagné et al. は，この理論的根拠を「教授設計へのシステムアプローチ」に求める．「教授設計へのシステムアプローチ」とは，教授されるべき一定の目標を掲げ，それを達成させるための諸段階を，科学的に首尾一貫していることに注意しながら，体系的方法に依拠して説明しようとする．

Gagné et al. は，システムアプローチの見地から，ID を 5 の段階 (表 4-4-1) に分類し言及している (*"Principles of Instructional Design" Chapter6 ～ 8,11, 12*).

表 4-4-1　インストラクショナルデザインの設計段階

1. 学習段階の分析
2. 実行目標の明確化
3. 教授系列の設計
4. 授業の設計
5. 評価

以下に，文献を参考にして詳しく説明する．

(1) 学習課題の分析

ID は，教授目標を設定することから始まる．教授目標は，明確に定義されていなければならないが，この過程は必ずしも容易なことではない．多くの場合，

大部分の教師は，教授しようとする目標が何であるか，そのための過程としての授業の目標が何であるかを知っていると信じ込んでいる．しかし，ここで教師が"知っている"と信じ込んでいるのは，経験に基づいて"知っている"のであり，教師が異なれば，教授目標も異なり，また，"知っている"も異なる．こういった教授目標の設定における曖昧さは，可能な限り排除される必要がある．そのためには，目標とされる課題が分析されていなければならない．

Gagné et al. は，課題分析において3つの異なった方法を提示している．

i) 情報処理分析

情報処理分析とは，教授目標の実現に向けて，その実行段階に含まれる系列を単に記述することである．情報処理分析の方法は，ラフデザインに近いものから，フローチャートを使ったものなど様々なタイプのものがある．

ii) 課題分類

Gagné et al. によると，目標とされる課題は，いくつかの学習カテゴリ[11]といくつかの行為能力[12]に分けられる．教授目標を設定する際には，その課題が，どういった学習カテゴリーに属するものなのかによって，IDもまた異なってくることから，課題分類は，IDにおける重要な過程である．

iii) 学習課題分析

情報処理分析，課題分類の一方，あるいは両方の分析が行われた課題は，その課題目標を達成するための前提条件が学習者に備わっているか否かの判断が要求される．この前提目標を設定するために行われるのが学習課題分析である．

ここで示した情報処理分析，課題分類，学習課題分析は，ID全般において重要な概念である．ある教授目標が設定されるためには，その前提として課題分類がなされ，前提目標が設定されなければならない．ここで最終的な目標とされた教授目標は，次のより高次の教授目標の前提目標となる（図4-4-1）．この繰り返しによって，最終的な教授目標が達成されるようにIDがなされなけれ

ばならない．

```
                    (一段階低次の学習)
                            ↓
                    ┌─────────────┐
                    │ 前 提 目 標 の 設 定 │
                    └─────────────┘
                            ↓
                    ┌─────────────┐
                    │   課 題 分 類   │
                    └─────────────┘
                            ↓
              ┌───────────────────────┐
              │    課 題 目 標 の 設 定    │
              │  (次 の 前 提 目 標 の 設 定)  │
              └───────────────────────┘
                            ↓
                    ┌─────────────┐
                    │   課 題 分 類   │
                    └─────────────┘
                            ↓
                    ┌───────────────────────┐
                    │    課 題 目 標 の 設 定    │
                    │  (次 の 前 提 目 標 の 設 定)  │
                    └───────────────────────┘
                                    ↓
                            ┌─────────────┐
                            │   課 題 分 類   │
                            └─────────────┘
                                    ↓
                                (一段階高次の段階)
```

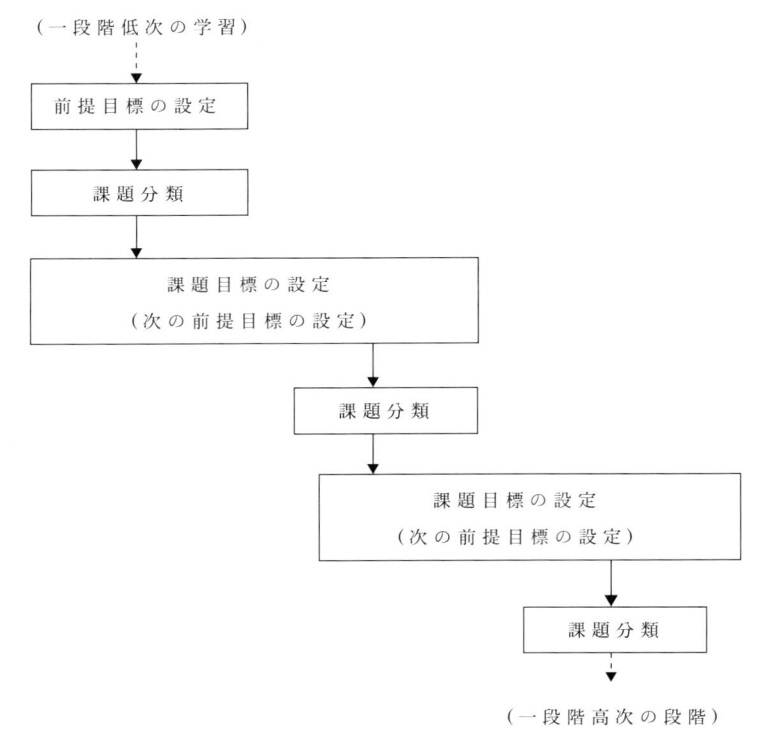

図 4-4-1　インストラクショナルデザインの過程

(2) 実行目標の明確化

　教授目標の設定における曖昧さは排除される必要があるが，これは，「操作的に定義された目標(実行目標)」を設定することにより解決される．「操作的に定義された目標」は，いくつかの構成要素を含ませることによって，モジュール化することができ，このことによって，第三者にあっても目標が達成されたか否かを確認することが容易になるのである．

　Gagné et al. は，「操作的に定義された目標」とは，ある人だけでなく，他者にも同様の観察を可能にするもの(科学的)であることを指摘し，そのために

は，5の操作的に記述された構成要素を含むことが必要であるとする（表 4-4-2）.

表 4-4-2　実行目標の操作的記述の構成要素

1. 行為
2. 目的
3. 状況
4. 道具と他の制約
5. 学習されるべき能力

例として「英文を和文に訳して書く」という曖昧で不完全な教授目標が与えられたときを考える．
これらは，
（状況）英文が与えられる
（学習された能力）翻訳文を作成する
（目的）翻訳
（行為）辞書を使うことによって
（道具と他の制約）英和辞書を用いて翻訳文を作成する

これらの教授目標の構成要素は，あらゆる教科の ID に応用され得る．

ⅰ）理科の例（電気回路の概念を学習する）
　　（状況）電池，電球，ソケット，一片の導線を与える
　　（学習された能力）例証する
　　（目的）電気回路を作ること
　　（行為）電池とソケットを導線で結び，電球が点灯するかをテストすること
　　　　　による

ⅱ）社会科の例（衆参両院の議員の任期を学習する）
　　（状況）「衆参両院の任期は何年か」という質問

（学習された能力）述べる
　　　（目的）衆議院と参議院の議員の任期
　　　（行為）口頭で

　ⅲ）算数の例（分度器で角度を測る）
　　　（状況）分度器を与える
　　　（学習された能力）測る
　　　（目的）角度を測る
　　　（行為）分度器を使うことによって

　ここで示したように，各々の「操作的に定義された目標（実行目標）」に構成要素を含ませることにより，第三者における確認が容易なものとなり，教授者間における目標設定，あるいは確認，評価における曖昧さが排除されることになる．

(3) 教授系列の設計

　IDは，ある教授目標が設定され，その前提として課題分類がなされ，前提目標が設定される．ここで最終的な目標とされた教授目標は，次のより高次の教授目標の前提目標となり，この前提目標→課題分類→教授目標（＝次のより高次な教授目標の前提目標）→より高次な課題分類→より高次な教授目標（＝さらに高次な教授目標の前提目標）の設定の繰り返しによって，最終的な教授目標が達成されるようにIDは設計されなければならない．これらは，具体的な実行目標の設定によって，曖昧さが排除され，科学性を持ち得た．

　しかし，学校教育における学習は，数日から数週間にわたるような短期的なものではなく，数週間から数か月，あるいは数年を1つのサイクルとして行われ，ここで教授目標として示される内容は，膨大な量の学習内容を含んでいる場合が多い．したがって，このような場合においては，コースごとにカリキュラムが設定され，コース別に異なったカリキュラムごとに教授目標が設定される必要がある．

Gagné et al. は，Briggs(1977)が示した各学年の教授をコースと捉える考え方を援用し，コース各々に対して，5の目標を決めることができることを提示している[13]．

(4) 授業の設計

"学習課題の分析"においては，教授目標のラフデザインが描かれた．そして，"実行目標の明確化"において操作的に明確化された教授目標は，より具体的な内容に置換されて示された．このことによって，教授目標は，ある人だけでなく，他者にも同様の観察を可能にするもの(科学的)となり，曖昧さと恣意性が排除された．そして，これらの教授目標の達成を導くために，カリキュラムが決定されなければならないことを"教授系列の設計"において示した．

ここまで述べてきた内容は，開始から終了するまで数週間から数か月を1つの単位として考えられてきている．しかし，これらは，よりミクロなレベルにおいて考えるならば，教授目標に内包される個々の授業の積み重ねに依拠している．しかし，個々の授業は，教師が前もって始まる前に詳しくコース全体を設計するための時間がないのが普通である．そこで，実際問題として，教師はしばしば「教えながら設計する」というプロセスを実行する場合がある．つまり，大部分の場合，大人数を教える教師は授業設計に費やすことのできる時間が限られているので，一度に各授業に対して時間が許す程度の詳細さで，授業設計することしかできない．

Gagné et al. は，IDを構成するモジュールとして授業を考えた場合に，一方で，詳細かつ具体的な教授目標が設定され，またその一方で，直感，工夫，創意，経験といった，一見IDの目的とは背反すると考えられる曖昧さもまた，重要な授業構成の要素であることは考慮に入れられなければならないと指摘している．

Gagné et al. は，これら2つの要素が考慮され，IDがなされることを指摘したうえで，授業計画には，次の4つの段階があると論じている．

① 授業目標の項目を挙げる．
② 意図された教授事象の項目を挙げる．

③　教材と学習活動を選択する．
④　教師と学習者の役割をメモする．

(5)　メディアの利用

　Gagné et al. は，ID の重要な要素として，メディアの利用に言及している．そこでは，メディアを「伝達を行うためのメディア，あるいは，教授を構成する別の種類の刺激のためのメディア」といった捉え方をしており，現在，主流となっている"ID＝コンピュータ（メディア）を使った教授設計"といった捉え方よりも広い意味において捉えていることがわかる．

　Gagné et al. は，メディアという用語には完全に標準化された意味がないことを指摘したうえで，「物理的な伝達手段（本，印刷されたモジュール，プログラム学習の教科書，コンピュータ，スライド，録音テープ，映画，ビデオテープなど）」という定義づけを行っている．Gagné et al. は，メディアをこのように物理的な伝達手段と定義し，教授に刺激を与える道具として捉えていたようである[14]．

　Gagné et al. は，ID について，メディアの利用に言及しているが，ID における部分としての単なる刺激材料としての位置づけにとどまり，メディアの利用を強く念頭に置いた ID，教育工学の見地から見れば，コンピュータを利用した教授設計・利用・支援といった視点はない．

(6)　インストラクショナルデザインにおける評価

　ある教授目標があって，その目標を達成するために ID が設計され，実行された場合に，そこで目標とされた成果に到達したか否かが計測されなければ ID 自体が意味を持たないものとなってしまう．Gagné et al. は，評価する目的のためには，基準準拠解釈を用いる目標準拠テストが最適手続きであることを示唆している．

i)　目標準拠テスト

　Gagné et al. によれば，目標準拠テストは，次に示すいくつかの目的に答え

るものとする.
① 各々の生徒が目標を習得したかどうかを示し,他の目標に勉強を進めてよいかどうかを示す.
② 学習のつまずきを早期に発見し診断することを可能にするので,必要な治療学習を確認するのに役立つ.
③ 教授そのものを改善するのに役立つ
④ 生徒が学習する指標として与えられた目標に対する実行を測定するという点で「公正な」評価である.

目標準拠テストの妥当性は,目標に対する実行の"直接的な"測定である.それは,教授目標全体を含むような大きな教授単元を取り扱うのではなく,小さな目標を設定して取り扱われるので,ある項目の診断的評価として,あるいは,より大きな単元を考えた場合の形成的評価としての価値を併せ持つとする.

ii) 集団準拠テスト

Gagné et al. によれば,各々の生徒の実行を集団の実行と比較したり,集団得点によって確立された標準と比較する得点をもたらすよう設計されたテストは,集団準拠と呼ばれる.このテストは単元あるいはコースのようなかなり大きな範囲の教授内容を生徒が達成したかどうかを評価するために用いられる.したがって,単一の明確化された目標の評価に限定されないので,総括的評価を行おうとする場合にひじょうに有効なテストである.

4.5. まとめと考察

本研究では,日本におけるIDおよびその"モデル"研究が,主に情報工学・教育工学などの工学分野からのアプローチが主流となっており,多くの研究成果が提示される一方で,基礎的な理論研究があまり活発ではなく,この分野の先進国であるアメリカにおける,コンピュータの発展以前からのIDの理論研究を基礎概念としてIDのモデルを再構築する必要があるのではないか,と考え本章を示した.

この課題に取り組むにあたっては，IDの第一人者であるGagné et al.の著書（Robert M. Gagné, and Leslie J. Briggs. *Principles of Instructional Design 2d Ed.* Holt, Rinehart and Winston, New York, 1979）におけるIDの理論研究と，日本における工学的アプローチに基づくIDを取り上げ，工学的アプローチに基づく研究の利点，また，研究の端緒から時間が経過していることを考慮し，Gagné et al.の研究では簡単にしか触れていないが，その後，研究成果が上がっている内容，および両研究領域を考慮に入れたアプローチの重要性を簡単かつ明瞭に示すことを心がけた．

ここまでの検討の結果，次の4点が明らかになった．

① Gagné et al.は，IDにおいて，各種のメディア（コンピュータを含む）を使うことの重要性について言及しているが，その利用は，あくまでも教授事象を構成する"刺激提示の手段"としてのものであり，IDを構成する機器の一部としてしか捉えていない（これは，コンピュータおよびネットワークが未発達だったことに背景がある）．

② Gagné et al.の研究では，IDにおいて教授目標として設定された成果に到達したか否かを測定するにあたって，一定の到達基準を示し，その基準に到達したか否かを計測するという考え方は示されているが，どのようにすれば計測できるか，どのような方法が取り得るのかといった具体的方法が示されていない．

③ 日本におけるID研究は，インストラクション（教授）とトレーニング（訓練）との混同が生じており，両者を明確に区別して議論される必要がある．

④ eラーニングの発達に伴って，ID研究は，より「教授設計」と，教育工学研究との連関が意識されて考察がなされる必要がある．

第1の知見では，Gagné et al.がIDを検討するにあたり，コンピュータを含むメディアの利用について言及しているが，その位置付けは，あくまでもIDにおける刺激提示の手段としての副次的な使用目的に限られている．メディアをどう定義するか，どのように使うか，使うことによって教育に与える効果は

どのようなものなのか，といった問題が山積していることが示唆される取り上げ方であるが，ID にコンピュータ含むメディアの利用を含めて示していること自体に新規性を見いだすことができる．

メディアの利用に関しては，Gagné et al. の著作以後，四半世紀を経て，ID においては，コンピュータの利用が大きな位置を占めるようになったが，それまで，ほとんど手つかずの分野であった ID におけるメディアの利用への言及は，その後の研究に大きな影響を与えた．

第 2 の知見は，ID における評価の問題である．Gagné et al. は，計画された目標についての受講者の実行を評価する目的のためには，目標準拠テストが最適手続きであると結論づけ，いくつかの目標を提示している．目標準拠テストの妥当性は，テストと目標の一致を判定することによって見いだされるとし，その信頼性は，実行評価の一貫性と時間をおいても信頼することができるかどうかを測定することで得られると結論付けている．

しかし，評価の問題は，第 1 に，テストと目標の一致を"どのような手段によって"担保するか，第 2 に，"どのように信頼性を確保するか"，第 3 に，テストの"妥当性"をどう解釈するかということである．Gagné et al. の言及はこの点には及んでいない．

第 3 の知見は，本書における最も重要な課題とし，検討を加えた結果，ID の基礎的理論研究と情報工学・教育工学などのアプローチの双方が，一層重視されなければならないことが示された．ID の理論研究が進むことによって，ID 研究が一層進展するのではないかと考える．

第 4 の知見は，本稿において特に強調しておきたい．

日本において，ID は，まだ新しい研究分野である．教育方法におけるコンピュータの利用が高まると同時に，教育評価においてもコンピュータの利用が高まることは想像に難くない．コンピュータを使った教育においては，ソフトウェア技術などが急激に進展する一方で，教育学における基礎理論研究が遅れる傾向にある．ID 研究において，教育学理論に基づく理論的根拠が重要視されなければならないという警鐘を鳴らすと同時に，理論研究の重要性の再認識

を促す意味において，本章は，若干の寄与を果たし得るものと考える．

注
(1) 小松 (2004) によれば，インストラクショナルデザインは一般的に
・調査・企画段階
・開発段階
・教育実践段階
・教育評価段階
などに分けられ，
その要は，調査・企画段階で企業業績に寄与する学習目標の調査・策定にあり，さらにその効果を確実にする開発段階で教育プログラムの開発，教育の効果確認の設計，教授法の設計にあり，教育実践段階ではパイロットテストによるバグ取り，教育評価段階での学習者や企業への貢献度評価を纏めた学問であるといっている．
(2) 教育工学における研究成果は，日本教育工学雑誌『日本教育工学会論文誌』等に詳しい．
(3) Gagné R.M. and Briggs L.J. は，1974 年に，『PRINCIPLES OF INSTRUCTIONAL DESIGN』という書物を出版している．その改訂版が 1979 年に Second Edition として出版されている．これは，ID を体系的に示した最初の書物であり，e ラーニングが登場する以前において ID の概念を提起した意味において，ID の概念的基礎を考察する際に，基本書となり得るものである．コンピュータが教育のツールとして発展していく以前において出版された書物であることを考慮する場合に，その理論の新規性，卓越性は，いまもって失われていない．
(4) ID の起源については，Butler, F.C.:"Instructional System Development", Educational Technology Publications, Inc. ,pxi (1972). に詳しい．
(5) 鎌田 (1992) のインストラクショナルデザインのプロセスを参考にした．
(6) この記述は，筆者が過去の数年間，会社の人事・教育部門に勤務しており，企業内教育プログラムの企画，開発，運用に携わっていたときの経験に基づくものである．
(7) 本稿では，インストラクション (教授) を上位概念とし，トレーニング (訓練) を下位概念と考える．
(8) その後，加筆修正され，1979 年に Second Edition が出版されている．
(9) 第 1 の仮説：ID は，個人の学習を助長することをめざすべきであると考える．第 2 の仮説：ID には，短期と長期の両側面がある．短期という意味での設計は，学習指導が行われる前に数コマ分の授業計画を教師が行うことである．長期的側面は，より複雑でより多様

である．それは，「単元」に組み込まれた数コマ分の授業，コースあるいはコース系列を構成するいくつかの単元，あるいは，全教授システムに関連している．第3の仮説：体系的にデザインされた教授は，個々の人間の発達に大きな影響を及ぼすということである．第四の仮説：IDは，システムアプローチの手段によって生み出されるということである．第五の仮説：IDは，人間の学習に関する知識に基づいたものでなければならないということである．

⑩ 教授設計へのシステムアプローチは，要求と目標の分析から始まり，体系的に設計された学習過程を経て，教授目標を達成できたかどうかの学習評価へ至る多くの教授段階に対し，目標を達成させるために必要な手段の提供を主な目的とする (Robert M. Gagné, and Leslie J .Briggs. *Principles of Instructional Design 2d Ed.* Holt, Rinehart and Winston, New York, 1979) 筆者一部加筆．

⑪ 知的技能のカテゴリーは，下位カテゴリーから上位カテゴリーまで次の5段階に分けられる（弁別）．－同じであるか違っているか知覚する（具体的概念）．－対象の特性を確認する．（定義された概念）－階級を明確にするために定義を用いる．（法則）－1つ以上の具体例に法則を適用する．（高次の法則）－単純な法則を結びつけて複雑な法則を打ち立てる．

⑫ 行為能力は，4つのカテゴリーに分けられる．（認知的方略）問題への新しいアプローチを創案する．（情報）－意味をそこなわないように体系化した知識を伝える．（態度）－ある種の事象に向かう個人的行動の道を選ぶ．（運動技能）－なめらかに調節された運動実行を遂行する．

⑬ 1. 生涯目標－学習されたものをコース終了後も続いて生涯用いることを意味する．2. コースの最終目標－コースに対する教授が完了した後，ただちに期待されることを意味する．3. 単元目標－コース全体の構造のなかで共通の目的を持っている目標群に期待される実行を意味する．4. 実行目標－期待される特定の成果であって，課題分析に合致した水準にある．5. 前提目標－実行目標の前提となる目標．

⑭ Gagné et al. は，授業で提示される刺激のタイプと，その場合に選択され得るメディアを次のように例示している．
（刺激のタイプ）文字，（選択できるメディア）本，プログラム学習，発表文書，図表，スライド・プロジェクター，ポスター，黒板，チェック・リスト．
（刺激のタイプ）話し言葉，（選択できるメディア）教師，録音テープ．
（刺激のタイプ）静止画と話し言葉（選択できるメディア）スライドとテープ，音声スライド，ポスターを用いての講義．
（刺激のタイプ）運動，話し言葉，その他の音響（選択できるメディア）映画，テレビ，実演．

(刺激のタイプ)理論的概念の絵画的描写(選択できるメディア)アニメーション映画，あやつり人形と小道具．

参考文献

Bloom B.S., Hastings T., & George F. M. (1968) *Handbook on Formative and Summative Evaluation of Student Learning/*. McGraw‒Hill, Inc.(梶田叡一，藤田恵璽，渋谷憲一訳(1968)『学習評価ハンドブック(上，下)』第一法規．同訳(1968)『教育評価法ハンドブック』第一法規).

Briggs L.J. (ed). (1977) *Instructional Design : Principles and Applications*. Englewood Cliffs, N.J.: Educational Technology Publications.

Gagné R. M. and Briggs L. J. (1979) *Principles of Instructional Design 2d Ed*. Holt, Rinehart and Winston, New York.(持留英世，持留初世訳(1986)『カリキュラムと授業の構成』北大路書房).

池田央(1994)『現代テスト理論』朝倉書店.

鎌田肇「第3章 インストラクショナルデザインの手法と実際」清水康敬編著(1992)『情報通信時代の教育』電子情報通信学会.

小松秀圀(2004)「第1章 企業内教育とeラーニング」鈴木克明(編著)『詳説インストラクショナルデザイン eラーニングファンダメンタル』日本イーラーニングコンソシアム.

岡本敏雄「第4章 CAI」清水康敬編著(1992)『情報通信時代の教育』電子情報通信学会.

岡本敏雄(編)(1988)『授業へのCAIの導入と原理』みずうみ書房.

Rosenberg M.J.(2001) *E-LERNIG Strategies for Delivering Knowledge in the Digital Age*, McGraw-Hill, New York.(中野広道訳(2002)『Eラーニング戦略』ソフトバンクパブリッシング).

清水康敬(監訳)日本イーラーニングコンソシアム(訳)(2003)『インストラクショナルデザイン入門』東京電機大学出版局.

菅井勝雄，赤堀侃司，野嶋栄一郎(編著)(2002)『情報教育論』放送大学教育振興会.

菅原良，村木英治(2004)「今日のeラーニングにおけるInstructional Design (ID)の理論的再検討」『教育情報学研究』, 第2号, 131-142.

第5章 eラーニングにおけるインストラクショナルデザインの検討と企業内教育への適用

5.1. 問題の所在

　高性能小型コンピュータの開発とインターネット環境における大容量高速通信の実現により，eラーニングは，一部の大企業の社員教育における利用から，より広範でさまざまな教育・学習場面において展開がなされ始めている[1]．
　eラーニングにおいては，対面形式の教室授業において，受講機会を得ることが難しかった，学習の時間と場所において制約の大きい受講者[2]の"個別学習"のための道具として広く採用され，発展する可能性がひじょうに高いことが指摘されている(特に，Web-based Educationにおいて顕著である)．
　eラーニングは，従来の教室授業と比較した場合に，多くの利点が考えられるが，本章においては，

(1) 従来の教室授業で行われてきた教師側における教材提示の道具としての"黒板(Blackboard)"と，受講する側における学習の道具としての"紙と鉛筆"(Paper and Pencil)が，教授者および受講者の双方がコンピュータを利用することによって発展的に代用されるようになること．

(2) 教授者と受講者が，同じ時間に同じ場所で対面形式によって講義を共有する必要がなくなり，受講者の都合に合わせて，"可能な時間に，可能な場所"で受講することができる"時間と場所"における自由度の高さが実現されるようになること．

(3) 受講者の都合に合わせて，内容と品質において，まったく"同じ"授業(コンテンツ)を何度でも繰り返し受講することができるようになること．

(4) "紙と鉛筆"(Paper and Pencil)を使用した授業にあっては，時間的コ

スト的に困難だった複雑な計算を要するテスト(教育測定)が,迅速,かつ,正確に実現できるようになること.

の4点を特に重要と考える.

　これらは,eラーニングの大きな特徴であると同時に,わが国では"教授設計"という概念において紹介されてきたIDの理論的枠組みの再構築と深い関わりを持つ内容である.

　IDは,eラーニングが新しく登場した以前から議論されてきた研究課題であり,また,eラーニングが近年登場した研究課題ということもあって,必ずしもeラーニングと結び付けられて論じられているわけではなく,教授目標の設定,教授方法の決定,教材の設計,授業設計,実施,評価などの教授設計を構成するさまざまな要素を包含した概念として捉えられてきた(Gagné and Briggs 1979).

　本章の目的は,eラーニング登場前後におけるIDに関する議論(第4章で示した,日本におけるIDの理論的再検討に関する議論)を踏まえ,企業内教育にeラーニングを導入する場合のIDモデルを提出することにある.その際に,モデル構築に付随して生じる問題点についても併せて議論を行うこととする.

　なお,本稿では,わが国における教授設計理論の変遷を考慮に入れ,eラーニング登場前におけるIDを"教授設計",登場後のIDを"インストラクショナルデザイン"と呼ぶこととする.

5.2. インストラクショナルデザインの多義性

　企業内教育の方法の1つとして発展してきたeラーニングは,CBEというよりは,CBTとしての性格が強調される傾向にある[3].

　これは,企業内教育にあっては,業務遂行能力の獲得が最大の目的で,その能力が獲得されたか否かが最も重要な関心の対象であり,その能力を獲得するための方法,過程,あるいは,理論的背景については,特に重要とされない傾向が強いことに起因するものであり,それに伴い,インストラクショナルデザインの定義においても,"CBT(図5-2-1の※部)"と"CBE(図5-2-1の※※部)"との混同が生じているのではないかと考える.

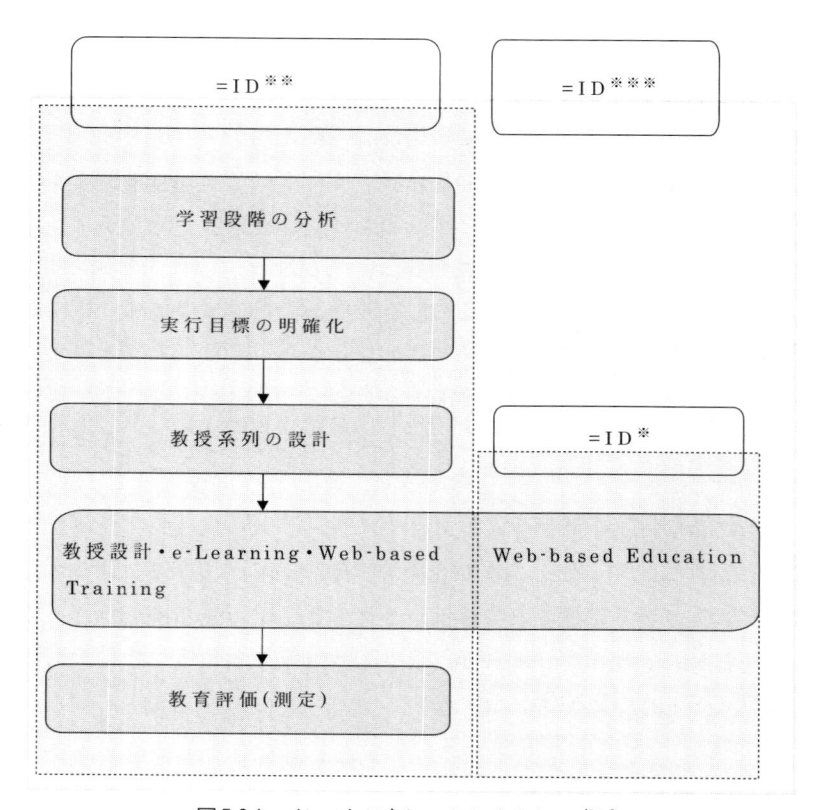

第5章　eラーニングにおけるインストラクショナルデザインの検討と企業内教育への適用　63

図5-2-1　インストラクショナルデザインの概念

　教育学の立場からは，CBTは，CBEの構成要素の1つであり，インストラクショナルデザインは，教授設計理論と併せて，CBEとの連関において論じられなければならない包括的概念としての性質を持つものでなければならないと考える（図5-2-1の※※※部）．

5.3. eラーニングと教授設計理論の関係

　eラーニングが登場することによって，IDは，大きな問題に直面することになった．それは，eラーニングが紹介される前は，日本におけるIDは"教授設

計"と同じ概念であり，その多義性が指摘される余地はなかった．しかし，eラーニングが紹介された後において，日本におけるIDは，①教育学に立場からの理論的アプローチによるもの(この場合は"教授設計"とIDは同義)，②eラーニングの要素を含むもの(この場合は"インストラクショナルデザイン"とIDは同義)，③双方の意味を併せ持ったもの，として使われているようであるが，この定義付けが論者によって曖昧なままに使われてきたことが，日本におけるID研究が，教育学分野からの理論研究と教育工学分野からの研究において，その定義に動揺が生じている要因になっているのではないかと考える．

元来，教授設計は，教授・学習過程をシステムとして捉え，各システム要素の組み合わせを最適化することによって，高い学習成果を得るためのモジュールを設計することである[4]．eラーニングは，教授設計の必要条件ではあるが，十分条件ではない．

教授設計理論は，eラーニングが登場する前から多くの研究者によりさまざまなアプローチから議論されているトピックである[5]が，Reigelushのアプローチ[6]とRickyのアプローチ[7]が，教授設計の理論的枠組みを考える場合に，簡潔にまとめられており参考になる．

5.3.1. Reigelushの教授設計モデル

Reigelushは，①記述的理論(descriptive theory)と，②処方的理論(prescriptive theory)の2つのアプローチを提出している．

① 記述理論(descriptive theory)
　一定の学習条件のもとで，任意の教授方法を採用したときに，どのような教授効果，あるいは，教授結果が得られるかを示す．

② 処方理論(prescriptive theory)
　一定の学習条件のもとで，目的とする教授効果を得るためには，どのような教授方法を適用したらよいかを示す．

Reigeluth のアプローチは，教授設計を構成する大きな 3 つの要素として，学習条件，教授方法，教授効果を挙げ，INPUT される要素の組み合わせによって，OUTPUT される要素が異なることを示している (図 5-3-1).

① 記述的理論 (descriptive theory)
　　INPUT：学習条件，教授方法
　　OUTPUT：教授効果

② 処方的理論 (descriptive theory)
　　INPUT：学習条件
　　OUTPUT：教授方法，教授効果

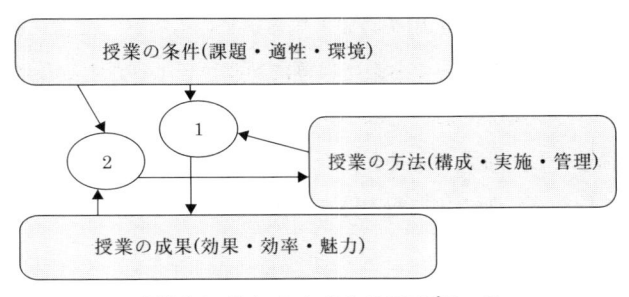

図 5-3-1　Reigeluth の 2 つのアプローチ

5.3.2. Rickey の教授設計モデル

Ricky は，①概念モデル (conceptual model) と，②手続きモデル (procedural model) の 2 つのアプローチを提出している．

① 概念モデル (conceptual model)
　　教授設計に関わる複数の要因を選択し，これらを組み合わせることによって目的とする学習効果を得ようと考える．

② 手続きモデル (procedural model)
　　教育の実践に関わる熟達した経験や知識を抽出し，モデルに組み込んで目

的とする学習効果を得ようと考える.

　Rickyの概念モデルは,教授設計に関わる複数の要因を抽出し,それらのうちのいくつかを組み合わせることによって,目的とする学習効果を得ようとする考え方で,教授設計をシステムとして捉える意味において,Reigeluthのアプローチと共通する.
　一方で,手続きモデルでは,熟達した教師,インストラクタなどの広い意味においての教育者の経験や知識をモデルに組み込む点において特徴がある.

　ReigeluthのモデルやRickyのモデルに代表されるシステムアプローチでは,学習者に達成させようとする教授目標を複数の要素に細分化し,その要素を基礎となる簡単なものから,応用を必要とする難しいものへと順番に教授することによって,最終的に目標とする教授目標に到達させようとする考え方である.
　eラーニングとの関係においては,システムアプローチは,教授過程および学習過程を構造として捉えるため,コンピュータを単なる刺激を与える道具としてではなく,教育活動の中に組み込まれた道具として捉えるため親和性が高い.

5.4. eラーニングと教授設計法理論との関係

　教授設計は,その基礎となる学習理論により,行動科学の立場からのアプローチと認知科学の立場からのアプローチ,双方の利点を取り入れた折衷アプローチに大別することができる[8].
　教授設計法理論は,行動科学あるいは認知科学,それぞれのアプローチの違いはあれ,与えられた環境のもとで目的とする課題を達成するためには,教授者がどのような教授方法を採用し,受講者にどのような学習を行わせれば,最も効果が得られるか,ということに主な関心が払われている.
　しかし,目的を達成するための教授方法,あるいは,学習方法の構造化をど

のように構築するかという点において，相違が見られる．

　ここでは，教授設計法理論における行動科学からのアプローチとしてGropperの教授設計法，認知科学からのアプローチとしてReigeluthの教授設計法，行動科学からのアプローチと認知科学からのアプローチの折衷案とされるGagné and Briggsのアプローチを示し，それぞれのアプローチの特徴を明らかにする．

　eラーニングにおいては，Gagné and Briggsのアプローチが基礎理論として重要視される傾向が強い．

5.4.1. Gropperの教授設計法理論

　Gropperの教授設計法は，Skinnerのプログラム学習に基づくものである．それは，一定の学習条件のもとで与えられる学習材料を"刺激"として捉え，その刺激の性質により成分技能を構成する要素(弁別・般化・連合・連鎖)の組み合わせが決まり，その組み合わせが，教授処方(事例・規則・法則・種類など)により強化されることによって学習目標が達成されるとする考え方である[9]．

　学習の強化は，具体的な事例を挙げたり，目標達成のためのヒントを与えたり，練習の頻度・回数・性質を変化させたりといった方法により行われる．

5.4.2. Reigeluthの精緻化理論

　Reigeluthの教授設計法は，人間を情報処理モデルとして捉える認知科学の立場からのアプローチである．Reigeluthのモデルは，学習目標に到達させるために学習されなければならない内容を基本的なものから精緻化されたものへといくつかのレベルに分類し，基本的な内容の下にいくつかの精緻化された内容を分類して示し，さらにそれぞれの内容の下にいくつかのさらに精緻化された内容を分類して示すといった方法をとる．

　この方法によるならば，最も基本的な内容から徐々に細分化され精緻化された内容へと構造がはっきりと示されるため，学習者がある学習目標に到達しようとする際の学習手順を全体の構成から部分の構成まで柔軟に捉えることでき

る．

5.4.3. Gagné and Briggs の教授設計法

Gagné and Briggs の教授設計法は，モデルの中にフィードバックといった主に行動科学で使われる概念を採用しながら，認知科学の概念である人間の情報処理モデルに基づいており，双方のモデルの折衷モデルとして位置づけられる．

表 5-4-1 Gagné の 9 教授事象の分類

教授事象	学習過程との関係
1. 注意の獲得	神経インパルスのパターンの受容
2. 学習者に目標を知らせる	実行制御過程を活発化する
3. 前提学習の再生を刺激する	活発化している記憶の検索
4. 刺激となる教材を提示する	選択的知覚に訴えるため要点を強調する
5.「学習の指針」を与える	意味的符号化
6. 実行を引き出す	反応機能を活性化する
7. 実行が正しいかどうかフィードバックを与える	強化する
8. 実行を評価する	検索を活性化する：強化を可能にする
9. 保持と転移を高める	検索のための手掛かりと方略を与える

Gagné et al. のモデルの特徴は，ある学習目的を達成するために，教授事象を9つに分類して示し，それぞれの事象と学習過程との関連に基づいて学習が進められるならば，所期の学習目標を達成するのと同時に，次のより高次な学習目的の基礎的な学習理解を獲得することができると考える点にある（表5-4-1）．

5.4.4. eラーニングにおける教授設計

　eラーニングの大きな特徴の1つは，先にも述べたが，内容と品質における再現性が確保されていることである．

　このことは，学習者が，いま学習した内容をもう一度学習したい，と考えたときに，いつでもまったく同じ内容の授業(コンテンツ)を再び受講することができるという"再現性"にある．

　ここで提供される授業内容(コンテンツ)は，例えば，ある学習目標を達成するために複数回の受講が必要であるといった場合に，前回の授業内容が，次回の授業の基礎となる内容になっていなければならないし，次回の授業内容が，次々回の授業内容の基礎となっていなければならないように設計されていなければならない．

　これらの教授設計の考え方は，教室授業において，教師によって考慮されながら行われてきた内容であるが，eラーニングにあっては，教授内容が動画により配信されれば完結するといったものではなく，受講者が，配信された動画を目で見て，音声を耳で聴き，キーボードで文字を入力し(あるいは鉛筆で文字や図，あるいは絵を書きとどめ)，場合によっては，音声により解答を提出し，頭で理解するといった一連の学習過程を経て，理解が浅い箇所があれば，再受講し，わからない箇所があれば，噛み砕いて説明を加えるといったチュータリングプログラム，あるいは，教授者と受講者，受講者と受講者相互間の受講にあたって様々な情報を共有し，情報交換を行うための掲示板といった，受講者のモチベーションを常に高く保つような仕掛けが施された一連の学習プロセスが包含されたインストラクショナルデザインが必要ではないかと考える．

　特に，eラーニングにあっては，受講を継続させるために受講者のモチベーションを常に高く保たせるための刺激をどのように与える必要があるのかが，コンテンツの設計と同様に重要なファクターであると考える．

　このような観点からするならば，認知科学と行動科学のアプローチ双方を採り入れた折衷モデルであるGagné et al.の教授設計法が，eラーニングにおいて馴染みやすいモデルのように思われる．

5.5. 企業内教育におけるeラーニングの適用

5.5.1. 企業内教育におけるeラーニングの適用に関する視点

企業内教育におけるeラーニングの利用にあっては，受講者の時間的制約に合わせて同じ品質のコンテンツを何度でも繰り返して学習することができる品質の保持・再現性の確保と短時間で完結するモジュールの組み合わせによる構造化が重要であり，教授者が意図して提供されるコンテンツの中の可能な限り多くの内容がWeb上で提供され，完結することが望ましい形態である．

5.5.2. 企業内教育におけるeラーニングの概念モデル

企業内教育におけるeラーニングは，背景となる学習理論を満たしていると同時に，CBEの特徴が織り込まれている必要があり，一方で，CBTの特徴が勘案されていなければならない．

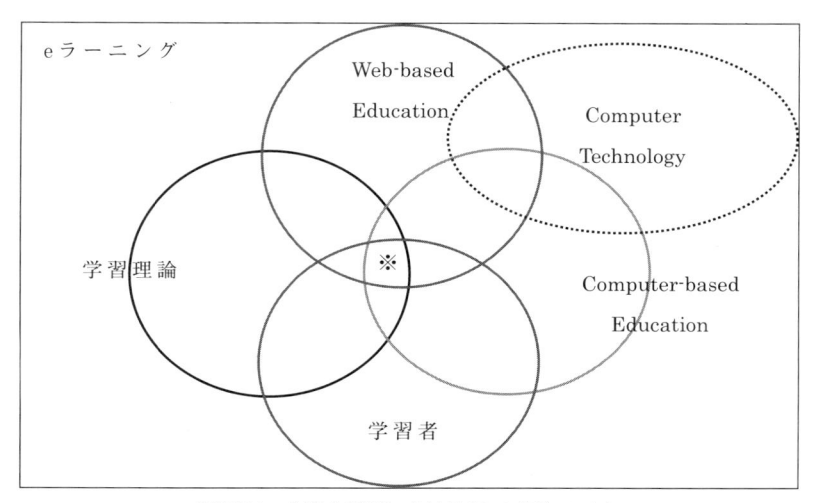

図 5-5-1　企業内教育におけるIDの概念モデル

第1に，モデル構築に際して，背景となる学習理論が確立していること．第2に，eラーニングの利点が踏まえられていること．第3に，CBTの利点が踏まえられていること．第4に，経営者(評価者)のためのというよりは，社員(学習者)のためのeラーニングであることが明確になっていなければならない．

筆者は，ここで述べた4つの特徴が交差する部分(図5-5-1※部)を，企業内教育にeラーニングを取り入れたIDモデル構築の際に，考慮されなければならない領域と考え，学習自体がWeb上で完結するような学習理論を考えるならば，この交差する部分に企業内教育におけるIDモデルの適用可能性を指摘する(図5-5-1)．

5.6. eラーニングの問題点

eラーニングは，受講者の自発的学習によるところが大きいため，学習を始めようとする，あるいは，学習を継続しようとするモチベーションをどのような方法で確保するかが大きな問題となる．

学習者が高いモチベーションを維持し続けるためには，教材がシステマティックに構築されていることはもちろんであるが，これだけでは十分ではなく，継続させるための刺激をどのように与えるか，また，その場合の刺激とはどのようなものなのかが議論されなければならない．

また，遠隔地に散らばった受講者と教授者，あるいは，受講者と受講者の情報交換を行うためのコミュニケーションツール(メーリングリスト，掲示板など)の役割もまた，議論されなければならない．

さらに，eラーニングでは，学習者が学習の途中で生じた学習欠陥(理解ができていない箇所)を補い，理解に導く方法が確保されていなければならない．その場合には，学習欠陥の質を見極めることが重要な課題となり，単に再受講することで足りるのか，あらかじめ用意されている，Q&A形式のヘルプ機能で足りるのか，あるいは，教授者が直接，電話やメールなどを使用してチュータリングまで行う必要があるのかどうかを瞬時に判断する機能がプログラム化されていなければならない．

また，1つのコンポーネントが終了するごとに行われる形成的評価，あるいは，複数のコンポーネントが終了するごとに行われる総合的評価にあって，従来の静的評価ではなく，動的評価を導入しようとする場合に，評価(測定)システムをどのように構築したらよいかといった議論がなされる必要がある．

ここで述べた，
(1) モチベーションの確保と維持
(2) コミュニケーションツールの確保
(3) 学習欠陥が生じた場合の措置
(4) 新しい動的評価システムの構築

は，いずれもeラーニングにおいて議論が深められなければならないトピックでありながら，いまだ解決の糸口が見いだされているとは言い難いテーマであり，大いに議論の余地がある問題である．

5.7. まとめと考察

本章の研究課題は，eラーニング登場前における教授設計理論を踏まえたうえで，eラーニングにおいて企業内教育を行うことを考えたeラーニングの概念モデルを提出する必要があるのではないか，と考えたことによって提起されたものである．

教育の過程に，コンピュータの利用を持ち込んだ"教育工学"という学問領域は，教育学領域の研究とシステム論的アプローチを包含した学際的な色彩の強い学問領域に属する研究分野であり，わが国においては，双方に豊富な知識を持つ専門家がひじょうに少ない．

本章の出稿にあたっては，このような研究動向のなかで，
(1) 教育理論を踏まえた教育工学の議論の深化が必要ではないかと考えたこと．
(2) eラーニングの進展に伴って明らかとなる問題点を整理して示す必要があるのではないかと考えたこと．
(3) 企業内教育へeラーニングを導入しようとする場合に，どのようなIDが

考えられなければならないのかと考えたこと．
の3点を主な主題として考察を行ってきた．

その文脈から，筆者が考えるeラーニングを考慮に入れたeラーニングの概念モデルを提出することを試みた．

ここまでの検討により，本章では，次の6点を知見として得ることができた．
企業内教育における，

(1) eラーニングを下支えする教授設計理論は，Gagné and BriggsのIDモデルが適している．
(2) eラーニングは，受講者の時間的制約に合わせて同じ品質のコンテンツを何度でも繰り返して学習することができる品質の保持・再現性の確保と短時間で完結するモジュールの組み合わせによる構造化が重要である．
(3) eラーニングは，第1に，モデル構築に際して背景となる学習理論が確立していること，第2に，eラーニングの利点が踏まえられていること，第3に，CBTの利点が踏まえられていること，第4に，経営者(評価者)のためのというよりは，社員(学習者)のためのeラーニングであること，が明確になっていなければならない．
(4) eラーニングにおける受講環境において，受講者の質問や疑問をeラーニングシステム上で即座に解決できるようなシステムの構築が考えられなければならない．
(5) eラーニングにおいては，受講者と教授者，あるいは，受講者と受講者の情報交換を行うためのコミュニケーションツール(メーリングリスト，掲示板など)の役割に関する議論が深化される必要がある．
(6) コンピュータを利用した動的評価の適用可能性の検討．

わが国において，インストラクショナルデザインおよびeラーニングは，まだ始まったばかりの新しい研究分野であり，知見の蓄積は厚いものではない．また，企業内教育におけるeラーニングの利用は，実行のみが先行しており，その教育的効果や対費用効果についての議論は遅れていることは否めない．企業

内教育におけるeラーニングの利用が高まると同時に，それに伴って多くの解決しなければならない問題が噴出することは想像に難くない．eラーニングにおいては，ソフトウェア技術などが急激に進展する一方で，教育学における基礎理論研究が遅れる傾向にある．インストラクショナルデザイン研究において，教育学理論に基づく理論的根拠が重要視されなければならないことはもとより，企業内教育においては，日本の企業文化に応じたeラーニングの活用が考えられなければならない．

注

(1) 企業，および教育機関における最新のeラーニング展開事例は，先進学習基盤協議会 (ALIC) 編著『eラーニングが創る近未来教育-最新eラーニング実践事例集』オーム社，2003，に詳しい．

(2) 企業内社員教育の道具として発達してきたeラーニングにおいて，受講者は，専ら仕事を持つ社会人であった．社会人は，集合教育に参加するために，学習の時間と場所を確保することが，きわめて困難であることから，教育を行う企業側の時間的・金銭的費用の削減の要請と相まって，eラーニングは，企業内社員教育において発展してきた．近年は，大学などの研究・教育機関においての研究開発が盛んに行われてきており，eラーニングが実用段階に入っている大学も散見される．

(3) 本稿では，コンピュータを使用した教育をCBEとし，コンピュータを使用したトレーニングをCBTとする．前者は，教授設計理論を背景とした教授設計に基づいているのに対し，後者では，単にコンピュータを使用したトレーニングとしての意味合いを持つにすぎない．後者は，前者の構成要素の一部と解釈される．本稿では，CBEを上位概念とし，CBTを下位概念と考える．

(4) 教授設計の概念については，清水康敬（編著）『情報通信時代の教育』電子情報通信学会，1992，を参照されたい．異なったアプローチからの研究が整理して示されており参考になる．

(5) 教授設計の背景となる学習理論は，大別すれば，S-R連合（刺激—反応）による行動科学の立場からのアプローチと，人間の情報処理モデルに着目した認知科学の立場からのアプローチがある．前者は，SkinnerのプログラムΔ学習を汲んだGropperらが代表的である．一方，後者は，Reigeluthらが代表的であり，Ausubelの有意味学習，Brunerの螺旋形カリキュラム，Andersonらのスキーマ理論に基づく．また，両者の特徴を取り入れた折衷形

もある．

(6) Reigeluth, C.M.："Instructional Design Theories and Models：An Overview of their Current Status", Lawrence Erlbaum Associate, New Jersey (1983).

(7) Ricky, R.："The Theoretical and Conceptual Bases of Instructional Design", Kogan page, London (1986).

(8) Gagné et el. の教授設計理論は，行動科学からのアプローチおよび認知科学からのアプローチの双方の特徴を取り入れた折衷形とされている．

(9) Gropper, G.L.："A Lesson Based on a Behavioral Approach to Instructional Design", in "Instructional Theories in Action", Reigeluth, C. M. (Ed.), Lawrence Erlbaum Associates, New Jersey (1987).

参考文献

赤堀侃司 (2002) 教育工学への招待，ジャストシステム．

Bloom B.S., Hastings T., & Madaus G.F. (1971) *Hadbook on Foemative and Summative Evaluation of Student Learning/.* McGraw − Hill, Inc.（梶田叡一，藤田恵璽，渋谷憲一訳 (1987)『学習評価ハンドブック（上，下）』第一法規．同訳 (1973)『教育評価法ハンドブック』第一法規）．

Briggs L.J.(ed) (1977) *Instructional Design : Principles and Applications.* Englewood Cliffs, N.J.: Educational Technology Publications.

Gagné R.M., and Briggs L.J.(1979) *Principles of Instructional Design 2d Ed,* Holt, Rinehart and Winston, New York（持留英世，持留初世訳 (1986)『カリキュラムと授業の構成』北大路書房）．

梶田叡一 (1986)『ブルーム理論に学ぶ』明治図書．

梶田叡一 (1992)『教育評価（第 2 版）』有斐閣双書．

Linn R.L. (1989) *Educational Measurement 3d Ed.* National Council on Measurement in Education, American Council on Education, American Council on Educational and Macmillan Publishing Company A Division of Macmillan, Inc（池田央，藤田恵璽，柳井晴夫，繁枡算男編訳 (1992)『教育測定学』C.S.L. 学習評価研究所）．

先進学習基盤協議会 (ALIC) 編著 (2003)『e ラーニングが創る近未来教育―最新 e ラーニング実践事例集―』オーム社．

清水康敬（編著）(1992)『情報通信時代の教育』電子情報通信学会．

清水康敬（監訳）日本 WBE コンソシアム訳 (2003)『インストラクショナルデザイン入門』東京電機大学出版局．

菅井勝雄, 赤堀侃司, 野嶋栄一郎(編著)(2002)『情報教育論』放送大学教育振興会.
鈴木克明(編著)(2004)『詳説インストラクショナルデザイン』日本イーラーニングコンソシアム.
鈴木克明(1989)「米国における授業設計モデル研究の動向」『日本教育工学雑誌』13,1,pp.1-14.

第6章　企業内教育におけるeラーニングの活用に関する問題点
―人事・教育担当者へのインタビューをまじえて―

6.1. 企業内教育におけるeラーニングの活用

6.1.1. 企業内教育におけるeラーニング導入状況

先進学習基盤協議会(ALIC)の調査(2002)によると(以下,単に"2002年調査"とする),企業内教育におけるeラーニング導入状況は,38.4%が「導入している」と回答し,61.6%が「導入していない」と回答している.これを業種別に見た場合に,情報サービス業で85.7%,IT関連製造業で57.1%の企業が「導入している」と回答しているが,建設業,製造業,電気・ガス・熱供給・水道業,教育・マスコミ・公益・その他のサービス業,運輸・通信業,卸・小売業,金融・保険業,その他の業種においては,40%以下の企業が導入しているにすぎない(表6-1-1).

表6-1-1　eラーニング導入状況,2002年[1](業種別)(n=138,SA)

業種	導入している(%)	導入していない(%)
情報サービス業(n=14)	85.7	14.3
IT関連製造業(n=7)	57.1	42.9
建設業(n=18)	38.9	61.1
製造業(n=44)	38.6	61.4
電気・ガス・熱供給・水道業(n=3)	33.3	66.7
教育・マスコミ・その他(n=16)	31.3	68.8
運輸・通信業(n=7)	28.6	71.4
卸・小売業(n=13)	23.1	76.9
金融・保険業(n=10)	20.0	80.0
その他(n=4)	―	100.0

n: 有効回答数,　SA(Single Answer:単一回答)

また，先進学習基盤協議会の調査(2004)(以下，単に"2004年調査"とする)では，2002年調査と比較して業種が細分化されて示されており，企業内教育におけるeラーニング導入率は，16.1%が「導入している」と回答し，69.7%が「導入していない」と回答している[2]．これを業種別に見ると，情報サービス業で50.3%，その他情報通信業で50.0%の企業が「導入している」と回答しているが，IT関連製造業，電気・ガス・熱供給・水道業，学習支援業，金融・保険業，その他製造業，卸売・小売業，建設業，その他サービス業，医療・福祉業，マスコミ・出版業，運輸，農林水産・鉱業，その他の業種においては，eラーニングを導入している企業は40%以下にすぎない(表6-1-2)．

表6-1-2　eラーニング導入状況，2004年[3](業種別)(n=2,375)

業種	導入している(%)	導入していない(%)
情報サービス業(n=167)	50.3	49.7
その他情報通信業(n=18)	50.0	50.0
IT関連製造業(n=43)	39.5	60.5
電気・ガス・熱供給・水道業(n=16)	37.5	62.5
学習支援業(n=17)	23.5	76.5
金融・保険業(n=112)	16.1	83.9
その他製造業(n=673)	16.0	84.0
卸売・小売業(n=376)	14.1	85.9
建設業(n=132)	11.4	88.6
その他サービス業(n=156)	7.7	92.3
医療・福祉業(n=167)	6.6	93.4
マスコミ・出版業(n=16)	6.3	93.7
運輸(n=157)	5.7	94.3
農林水産・鉱業(n=19)	5.3	94.7
その他(n=306)	12.1	87.9

n: 有効回答数

この2つの調査から，業種別にeラーニング導入率を見た場合に，一般に"IT関連"とされる業種においては，eラーニングの導入率が高くなる傾向にあるも

のの，それ以外の業種においては，企業内教育にeラーニングを活用している企業は少数にとどまるといえる．

6.1.2. 企業内教育におけるeラーニングの受講期間

企業内教育においてeラーニングがどの程度の期間，企業内教育に費やされているかについては，2002年調査によると，5日間以下が28.5%，6日間以上10日間未満が18.4%，10日間以上30日未満が30.8%となっており，30日未満の割合が77.7%を占めている（表6-1-3）．

表6-1-3　企業内研修におけるeラーニングの年間受講期間[4]

受講期間	eラーニング (%)	eラーニング以外 (%)
5日間以下	28.5	57.2
6日間以上10日間未満	18.4	19.7
10日間以上1か月(30日)未満	30.8	14.9
1か月以上2か月未満	11.5	3.3
2か月以上3か月未満	7.2	2.1
3か月以上6か月未満	2.6	2.1
6か月以上	1.0	0.8

また，2004年調査は，企業内教育におけるeラーニングを利用した研修の年間受講時間の調査を行っており，この調査によると，1時間未満が13.5%，1時間以上5時間程度が33.8%，5時間以上10時間程度が17.6%，10時間以上50時間程度が23.4%となっており，年間受講時間50時間以下の割合が88.3%を占めている（表6-1-4）．

また，一日平均受講時間は，2002年調査によると，15分未満が43.0%，15分以上30分未満が32.1%，30分以上1時間未満が17.0%となっており，1時間未満の割合が92.1%を占めている（表6-1-5）．

表6-1-4 企業内研修におけるeラーニングの年間受講時間[5] (n=222,SA)

受講期間	受講時間 (%)
1時間未満	13.5
1時間〜5時間程度	33.8
5時間〜10時間程度	17.6
10時間〜50時間程度	23.4
50時間〜100時間程度	3.2
100時間以上	0.0
利用しない	7.7

n: 有効回答数, SA(Single Answer：単一回答)

表6-1-5 企業内研修におけるeラーニングの一日平均受講時間[6]

受講期間	eラーニング (%)	eラーニング以外 (%)
15分未満	43.0	51.3
15分以上30分未満	32.1	10.3
30分以上1時間未満	17.0	5.4
1時間以上2時間未満	6.2	5.9
2時間以上	1.6	27.2

表6-1-6 企業内研修におけるeラーニングの1回あたり平均受講時間[7] (n=222,SA)

受講期間	受講時間 (%)
10分以下	4.5
10分〜20分	16.7
20分〜30分	22.5
30分〜1時間	34.2
1時間以上	22.1

n: 有効回答数, SA(Single Answer：単一回答)

2004年調査では、1回あたり平均受講時間は、10分以下が4.5%、10〜20分が16.7%、20〜30分が22.5%、30分〜1時間が34.2%となっており、1時間未満の割合が77.9%を占めている(表6-1-6)。

6.1.3. 企業内教育におけるeラーニング利用の実際

ここまでの検討から，企業内教育におけるeラーニングの利用について，次のことがいえるのではないかと考える．

(1) IT関連業種(本章では，情報サービス業，その他情報通信業，IT関連製造業とする)を除いては，企業内教育にeラーニングを導入している企業は少数にとどまる．
(2) eラーニング以外においては，企業内教育に5日間以下の時間を費やす企業が50%以上である一方，eラーニングにおいては，5日間以下，6日間以上10日間以下，10日間以上30日以下に散在し，eラーニングを利用した企業内教育の年間受講時間は，大半が50時間以下である．
(3) eラーニング1回当たりの受講時間は，1時間以下が多い．

6.1.4. 企業内教育におけるeラーニング活用に関する問題

これらのことから，日本においては，企業内教育におけるeラーニングの活用が注目されている一方で，企業内教育におけるeラーニングの活用は普及しているとは言い難く，現段階においては，日本の企業はeラーニングの導入に関して模索している段階にあるのではないかと考える．

その理由として，
(1) 日本の企業のためのeラーニングの枠組みが考えられていない．
(2) 日本の企業がeラーニングを導入するための学術的な立場からの理論研究に基づく提案がなされていない．

ことが考えられる．

本章は，eラーニングを導入している企業の人事・教育担当者にインタビューを行うことによって，実際の企業内教育においてeラーニングを導入する場合の問題点を明らかにすることを目的とする．

6.2. eラーニングの活用に関する人事・教育担当者へのインタビュー[8]

6.2.1. インタビュー概説

インタビューは，eラーニングの利用状況，コンテンツの作成，eラーニングの利点，eラーニングの問題点について20の企業(ソフトウェアA,B,C社，メーカーD,E,F社，通信G,H,I社，建設J社，住宅K社，銀行L,M社，証券N,O社，保険P社，運輸Q,R,S社，監査法人T社)の人事・教育担当者について行った．

インタビューによって得られた回答を以下に示す．

6.2.2. eラーニングの利用目的
(1) IT関連業種

「特に企業内教育でeラーニングを利用することを推奨しているわけではないのですが，弊社にはeラーニングシステムの開発部門があるので，開発したシステムの実用実験を兼ねてeラーニングを利用することが多いですね．従業員教育と本来の会社の仕事が一石二鳥でできますし，開発したシステムの評価を外部に委託しなくてもすみますから」【A社・ソフトウェア】．

「わたしたちの会社では，プログラミング言語の習得のためのガイドみたいな使い方をしています．自社サーバにデータベースを構築してキーワードで検索できるように，また，同時にプログラミング言語の使い方の例も表示できるようなシステムです．これがeラーニングといえるかどうかはわからないのですが，分厚いマニュアルを持ち歩く代わりにPCを使ってね，みたいな使い方です．これだと，極端な話，どこにいても仕事ができるし，アイディアがひらめいたときにすぐに仕事に取り掛かれるからね．これからは，現在受注している仕事をデータベース化していって，今後，過去に使ったプログラムが再利用できるような仕事が来たときに，簡単に参照できるようなシステムを作ってい

きたいと考えています．わたしたちの会社でのeラーニングは，言うならば仕事の際の"ガイド"を兼ねているようなものだと理解してください」【C社・ソフトウェア】．

「当社では，製品数がひじょうに多く，例えばパソコンですと，新製品が3か月～6か月のサイクルで新製品が発売されます．これはすべての商品にあてはまることで，発売時期は異なるものの，毎日何品かの新製品が発売されています．このような状況ですと，営業マンが製品の特長を理解する前に次の新製品が発売されるような状況に陥りかねません．これは，販売店の販売員にも同じことが言えて，お客さんに旧型製品との違いが説明できないといった事態になってしまいます．このようなことになりますと，当社のブランドイメージが落ちてしまいますし，何より，販売店が他社の製品を勧めてしまうことになりかねません．そのようなことを防止する意味から，従業員や販売店のみがアクセスできるサイトを開設し，製品の仕様や特長，旧製品との違いなどを，画像を交えて紹介し，カタログもすぐにダウンロードできるようにしております．これが当社の提供する販売支援のためのeラーニングシステムだと考えております．ちなみに，このサイトは，一日あたり1万～1万5,000PVありますので，かなりの数の営業マンや販売店の担当者が利用しているのではないかと思います」【E社・メーカー】．

「当社は規模が大きいため個々の社員に割り当てられている仕事もひじょうに細分化されたものになっています．そこでは，ひじょうに高度で正確な知識が要求されますので，常に最新の情報を頭の中に入れておかなければなりません．eラーニングの活用についてですが，例えば，経理部門であれば，この分野の専門の研修業者が提供しているeラーニングのなかから，当社にとって有益だと思われる研修コースを選択し，社員に受講させるようにしています．専門的で正確な知識は，社内で作るよりも社外の専門業者の方がしっかりとした知識に基づくeラーニングを提供してくれますからね」【F社・メーカー】．

「弊社は，通信・メーカー・金融といった会社から主にコールセンター業務を任されています．コールセンター業務は，1日にたくさんの顧客から電話がかかってきますし，問い合わせの内容も細かなものが多いので，優秀なオペレーターを養成することは，弊社にとって死活問題となります．コールセンター業務は，クライアントが提供しているサービスや製品を詳しく知っていないといけませんし，新しい技術や新製品の開発が頻繁ですので，常に新しい情報をオペレーターに与えていなければなりません．今までですと，クライアントにその都度マニュアルを用意してもらっていたのですが，現在は，分厚いマニュアルに代わってオンラインマニュアルを提供してもらう一方で，ネット上でオペレーターを訓練するための学習(eラーニング)システムを提供してもらっています．オペレーターには，時間の空いたときは，そこにアクセスして勉強するようにと常に指導しています．また，オペレーターは，直接エンドユーザーと会話をするために言葉遣いや言葉の印象に気を使っています．これについては，接客マナーを教える専門学校と提携してインターネットやDVDを使って研修ができるようになっています」【H社・通信】．

「全社員に対し，共通して提供しているeラーニングは，現在のところありません．しかし，一部の技術部門や支店では，独自にeラーニングコンテンツを作製して社員に受講させているという報告があります．弊社での最も大きな課題は，コールセンターのオペレーターの品質をどうやって高水準で保つかということなのですが，全国に約2,000名以上いるオペレーターを雇用後の早い段階で一定の水準に到達させることはひじょうに困難であるということが経験的にわかっています．今までは，オペレーターの教育と品質保証については，派遣会社に任せておりました．オペレーターの仕事に対するモチベーションを保ちながら教育を行うことは至難の業なのですが，eラーニングを使って，例えばマルチメディアを利用することによって楽しく学べる工夫ができればいま以上に効果のある教育システムが構築できるかもしれないと考えています」【I社・通信】．

「インターネットを活用して社員教育を行うことが新しいことだということはよくわかるのですが，そのことによって，例えば従業員の仕事に対する取り組みが飛躍的に向上するとか，営業マンの営業成績が飛躍的に伸びるといったことがない限りは，現段階においては，eラーニングを積極的に利用していこうとは考えておりません．やはり，利益を追求する私企業である以上，フィードバックされてくるものの効果が確認されてからでも導入は遅くはないと考えております．ただし，社員教育部署が提供する自己啓発的要素の強い社員教育(受講費用の一部を会社が負担するもの)で，将来的に会社にとって役に立ちそうなもの(例えば語学，財務・経理実務，法律知識など)を受講する際に，eラーニングが利用されているケースはあります．ただし，この場合，コンテンツは社員教育専門業者が提供するものであり，特にこちらからeラーニングを使っている講座を指定しているわけではありません」【D社・メーカー】．

「eラーニングは，積極的に利用するようにしています．理由は2つあって，1つ目は，人事教育担当者の負荷の軽減のためです．当方では，社員と関連会社の社員を合わせて3万名以上の社員がおりますが，これらの社員に提供される社員教育は，本社の人事教育担当者3~5名で管理しております．この人数ですべての社員の社員教育を管理することはひじょうに難しいので，講座自体は外注し，そこからフィードバックされてくる結果を担当者が管理するようにしております．この方法ですと，専門業者による質が高く，しかも安価で効率のよい社員教育ができ，しかも，人事教育担当者の負担も軽減され，しっかりとした管理ができるからです．2つ目は，社員が時間を自分で作って講座に挑戦するという機会を受講する場所や時間に拘束されずに提供したいと考えているためです．一日に5分でも10分でもいいから自分から積極的に勉強するという意識が会社にとっては重要なわけで，そういった意味では，いつでもどこでも勉強することができるeラーニングは格好のツールですよね」【G社・通信】．

(2) その他の業種
「わたしたちの業種では，仕事の内容とeラーニングでの社員教育がマッチし

難いという理由から，現段階では，社員教育にeラーニングを取り入れる環境にはないと考えております．なぜなら，例えば，ある仕事を受注したと仮定した場合に，建築物のデザイン，構造計算，積算といった仕事は，プロジェクトチームを組んで行う仕事が圧倒的に多いですし，社員研修といっても設計という仕事は，手を使って図面を引くことによって学んでもらうことが一番だと考えるからです．ただ，社員のニーズとしてeラーニングに対する要望は強いので，今後，何らかの方法は講じていかなければならないと考えております」【J社・建設】．

「銀行は，顧客から預かった預金を扱うということと，それに伴って，高い倫理観と高度な専門知識を必要とします．したがいまして，行員にあっては，入行後はもちろん，入行前にあっても相応の努力をしていただく必要があります．よって，新卒者には，内定の後のできるだけ早い段階において自学自習用のラーニングキット（テキスト，DVD，インターネットサイトなど）を用意し，また，一人ひとりに入行までのチューターを付け，できるだけ高度な専門知識を入行前に身に付けてきていただくようにいたしております．また，入行後も，専門用語の学習，専門知識の習得，新商品の説明等，あらゆる場面で社内研修にマルチメディアを利用いたしております．eラーニングは，銀行にとっては，ひじょうに使い勝手のよい研修ツールであることは間違いないですね」【L社・銀行】．

「当行は，政策的な理由から店舗を持っておりません．したがいまして，インターネットに代表されるようなコンピュータの操作知識は，基本的に入行前に習得してもらうように研修を実施しております．そのなかで，特に重視しているのが，銀行員としての職業倫理の醸成です．コンピュータ犯罪が漸増傾向にあり，なかには，銀行員が関わっているケースも枚挙にいとまない状況ですので，当行では，コンピュータ操作と職業倫理を常に意識しながら研修プログラムを作成いたしております．その際には，やはりDVDを使ったり，コンピュータと倫理との関わりを扱ったWEBサイトにアクセスして学習させたり，

あるいは，大学にお願いして，コンピュータと倫理との関係をネット上で配信してもらい，行員で受講するといった方法を利用しております．eラーニングは，銀行にとっては，まだまだ利用価値が高くなる可能性を秘めたツールではないかと考えておりますので，今後，積極的に利用の可能性を探っていきたいと考えています」【M社・銀行】．

「保険業は，基本的に保険料収入とそこで集められた資金の運用によって成り立っております．よって，保有する預かり資金に対して，あらかじめ仮定された支払予定保険金を支払うためには，どうすれば最も効率の良い運用ができるかという仕組みを常に考える必要があり，その仕組みも，最近では市中金利に対して弾力的な運用が可能な保険が多く販売されておりますので，契約者からの問い合わせもひじょうに多くなってきております．したがって，保険を販売していただく社員の方には，常に商品に対する知識を最新のものにしていただいておく必要があります．このようなインフォメーションの即時周知のためには，インターネットサイトを介した方が最も効率が良いことがわかっております．そういった意味において，eラーニングは近い将来に有望な研修ツールになることは間違いないと考えております」【P社・保険】．

「当社は，デスクワークについている社員の数が少なく，また，コンピュータをよく知っている社員も多くはないので，社員研修にeラーニングを使うことは意識的に行っていません．ただし，新卒で新しく入社してくる事務系の新卒者に対して，会社案内や仕事の内容を収録したDVDを送付し，入社までに勉強し，入社時にレポートを提出してもらっています．これらの新卒者のなかには，当社のホームページで提供されている新卒者用のホームページや決算広報で勉強したり，また，少数ではありますが，メールや電話で問い合わせをしてくる人もおります．入社前に当社の仕事の概要を理解してもらえるという点においては，こういった形態の研修（eラーニング）は有効なのかもしれないと考えております」【Q社・運輸】．

6.2.3. コンテンツの作成

(1) IT関連業種

「製品の開発と並行するかたちですべて自社製作しております」【A社・ソフトウェア】

「eラーニングコンテンツについては，最終的には製品化したいと考えているのですが，現在のところまだ手探りの段階ですので，すでにノウハウを持っている同業他社と共同で試行錯誤しながら試作しています．そういった意味では，自社製作50%，外注50%といったところです」【B社・ソフトウェア】

「ソフトウェア開発を専門に行う部署とソフトウェア開発を行う関連会社との間で共同制作しています」【D社・メーカー】

「プラットホーム開発の時は，外部の業者に外注しましたが，汎用性があって更新が容易なシステムを開発しましたので，現在は自社でメンテナンスを行い，開発も行っております」【E社・メーカー】

「当社では，主に新製品が発売されたときの社員研修および販売店担当者研修のためのツールとしてeラーニングを活用しているのですが，更新に時間がかかることが最大の問題点であると考えますので，できるだけ自社にて製作するようにしています．ただし，製品の販売とは直接関係のない管理部門（総務・法務・経理など）の社員の自己啓発プログラムについては，外部の専門業者が提供しているeラーニングを利用する場合があります」【F社・メーカー】

「当社では，カスタマーセンターのオペレーターに対する教育にeラーニングを利用しているのですが，オペレーターは全国に約2,000人，そのほとんどが派遣会社の社員で，交代も日常茶飯事です．また，ここで提供されるeラーニングコンテンツは，当社の顧客管理システムや顧客対応マニュアルなどのひじょうに重要度の高い情報を含みますので，セキュリティにも十分に配慮する

必要があります．したがって，eラーニングコンテンツを管理する社員を配置して，すべて自社で製作しています」【G社・通信】．

「オペレーターに対する顧客対応のための訓練に使っており，顧客の個人情報や社内においても特に重要な情報の扱い方を学習するために利用していることから，eラーニングのコンテンツの作成やシステムの管理は，すべて自社あるいは関連子会社にて行っております」【H社・通信】．

(2) その他の業種

「社員教育用の教材を販売している業者のeラーニングを利用しています．建物の設計や積算，デザインなどをインターネットを介して学習できる優れたシステムがあれば利用したいのですが，なかなか見つかりません．自社製作はコストの関係から考えておりません」【J社・建設】．

「全社的に，インテリアデザイナーを養成するためのツールとして利用しています．コンテンツは，外注しています」【K社・住宅】．

「自己啓発用の研修プログラムに関しては，製品化されているパッケージソフトを利用しています．また，研修プログラムによっては，外部の業者が運用しているeラーニングを利用したりしています．一方で，社外秘の重要な情報を扱う部署を対象とした研修で使うeラーニングコンテンツは，行内の専門スキルを持った行員が作成しています」【L社・銀行】．

「eラーニングシステムの開発・運用は，すべてシステム部およびソフトウェア開発を行う関連子会社にて行っております．ただ，社員の自己啓発用の社員研修は，社外の業者が提供するプログラムを利用しておりますので，外注です」【M社・銀行】．

「eラーニングは，特に今まで株式の運用経験の少ない新入社員を対象に入社前研修の一環として利用しています．証券業は，顧客の大切な資産を預かり，しかも相場の変動の大きい株式で運用し，かつ，専門用語や特別な仕組みも多くありますので，入社前にできるだけ証券マンとしての心構えを持ち，また，証券業の知識を吸収しておいてほしいので，このような利用の仕方をしています．eラーニングコンテンツは，同業者でつくる団体が提供するコンテンツを利用する場合が多く，弊社独自の業務に関連する社員教育は，入社後に集合研修を主体とした研修にて行っていますので，こちらの方は，社内にて作成しています」【O社・証券】．

「eラーニングを使った社員教育は，主に新製品が発売されたときに集中的にテキストとDVDやビデオ，講師による講義を組み合わせたかたちで行っているのですが，その場合，保険の仕組み自体が会社独自のものであり，外注すると情報の漏洩が発生する可能性がありますので，自社製作しているのが実情です」【P社・保険】．

「業務との関連において効果の高い研修方法を考えると，社員の自己啓発以外に，eラーニングとマッチする業務が見当たらないので，現在のところ，すべて外部の業者が提供しているeラーニングを自己啓発に限って利用しております」【S社・運輸】．

6.2.4. eラーニングの利点
(1) IT関連業種
「ソフトウェア業界にあっては，習得しなければならないコンピュータ知識が山ほどあり，かつ，技術の進歩がきわめて早いため，常に新しい技術を貪欲に獲得しようとする姿勢が大事です．そのために，わたしたちの会社では，常にeラーニングによってプログラミング技術を学習できる環境を整えております．過去に構築したシステムの一部を学習コンテンツ化したり，新しい技術が

開発された場合に，その一部をコンテンツ化したりしております．このことによって，社員は，常に新しい知識やプログラミング技術を学習することができるようになっております．eラーニングは，わたしたちの会社のようなソフトウェア業界にあっては，社員のスキル向上のための社員教育と製品開発のための社員教育が他業種と比較した場合に，容易に結びつきやすいので利用価値は高く，積極的に利用しています．これからも社員教育に占めるeラーニングの割合を増やしていこうかと検討中です」【B社・ソフトウェア】．

「現在，当社では，企業の従業員教育においてeラーニングを利用するときに利用できるソフトウェア製品の開発に着手しています．ただ，参考となるものが何もないので，苦労しているのですがね．さらに，商品化したとしても初期投資を回収できるかどうか，また，エンドユーザーが買ってくれるかどうかも不透明なため，会社としては，かなり危険性の高い冒険であることは確かです．ただ，今回の製品は，今後需要が急激に増大すると思われる中小企業や，規模の小さい学校をメインターゲットとして開発していますので，そこそこの需要は期待できるのではないかと考えております．実は，今回開発中のソフトウェアは，開発の初期段階において，わたしたちの会社の社員教育での利用を考えていたのですが，開発している途中の段階で，汎用にできるかもしれないという意見が出まして，方向を変えたという経緯があります．その開発途中でこのプロジェクトに関わった社員は，社内のみにかかわらず，自宅や外出先などのあらゆる場面でPDAを持ち歩いて開発に没頭したという話を聞いております．社員教育担当としては，まさしくeラーニングの実践だなあと思いました．この業界においては，eラーニングは，本業の商売に結びつきやすく，社員のモチベーションを常に高く保つ効果もあるようなので，積極的に活用していきたいと思いますね」【C社・ソフトウェア】．

「現在は，新製品が発売されると，インターネットを使ったeラーニングシステムを介して，特に営業に携わる社員を対象として商品知識獲得のための研修を行っているのですが，eラーニングが導入される前は，新製品が開発される

都度，あるいは商品のスペックに変更が発生するたびに東京，横浜，大阪，札幌などの研修拠点に担当社員をその都度集めて集合研修を行っていました．集合研修では，集めることができる社員の数が限られますし，講師費，交通費，複数日にまたがる研修の場合は，宿泊費などの費用が膨大な金額になっていました．ところが，eラーニングを利用することになってから，これらの費用が半分以下になり，漸減しました．正直言って，これほどまでにeラーニングが対費用効果の高いものだとは思っていなかったので，人事教育担当者の立場としては，神器を得たような気分です．社員全員の士気を高める効果，研修の効率化，研修費用の節約など大きな効果があることがわかりましたので，これからどんどん利用していきたいですね．いままでは難しかった海外の拠点で働く社員に対してもリアルタイムに研修ができるシステムを考えていきたいとも考えています」【D社・メーカー】．

「商品情報をデジタルコンテンツ化する技術の開発とブラッシュアップによって，さらに，動画を活用することによって，実物に忠実に，そして実物以上にきれいに製品のプレゼンテーションを行うことができるようになりました．いままでは，インターネットを使ってエンドユーザーをターゲットにして，特に，商品紹介のために活用してきた技術をeラーニングコンテンツに流用することによって，広告宣伝費と社員教育研修費がともに削減できたという予想外の効果を得ることができたことがeラーニングの最大の利点だろうなと思います．今まで長い間にわたって行われてきた集合研修とeラーニングの効果の比較はできていないのですが，教育担当者としての実感としては大きな効果がありそうですね．正直言って，今までに考えてこなかったような効果が，まだまだ出てくるかもしれないという期待を持っているという段階です」【F社・メーカー】．

「今までは，特に重要な戦略商品に位置付けられる新製品を発売するときに，全国の支店の営業担当者を，その都度，一か所に集めて商品説明などの研修を行っていたのですが，そのときの費用は，1回の研修当たり数千万円かかって

いました．社員研修にeラーニングを利用するようになってからは，設備を整備するための初期投資にかなりの費用がかかったのですが，その後の運用やメンテナンスが本社一括で，しかもフレキシブルにできるので，社内的に，eラーニング導入当初の予想以上に評価が高くなっています」【I社・通信】．

(2) その他の業種

「顧客の預金を運用するという業務上の理由から，eラーニングにおいて社員教育を行う場合は，支障をきたたさない限り，インターネットを介さないDVDやビデオなどのマルチメディア教材を使っています．また，当行は，地方銀行であり，全国に支店があるわけでもないので，集合教育と比較してeラーニングが圧倒的に有利であるという根拠がない限りは，テキストベースの研修とマルチメディア教材の併用で社員教育を展開していきたいと思っております．ただし，将来的に完全なセキュリティシステムが構築され，完全にハッキングがブロックできるとか，eラーニングに要する費用が劇的に低下するといった事態になれば，積極的に利用していこうかと考えております」【L社・銀行】．

「当社でのeラーニングの利用は，専ら専門用語の意味を確認したり，株や債券の売買に関する簡単な利益計算などのきわめてシンプルな利用を行っています．特に，営業担当から好評なのは，客先にノートパソコンを持ち込んで営業活動を行う際に，従来の方法（紙のパンフレットで説明する方法）よりも飛躍的に便利になったという報告を受けております．客先での営業活動は，忙しい時間を割いて会ってくれているので，短時間に重要な情報を確実に伝えることが重要であると考えます．そういった意味では，同業者にはあまりないと思うのですが，このような方法もeラーニングのひとつの形態と考えて，今後，さらに便利な使い方を模索していきたいと考えております」【N社・証券】．

「事務系の社員が，自己啓発のための研修に限ってeラーニングを利用した社員教育を行っています．研修コース（コンテンツ）は，社員研修コースを多く提供している専門業者のものを利用したり，また，語学の場合には，英会話学校

のeラーニングコースを利用したりしています．過去に，eラーニングを利用した社員に対し，アンケート調査を行ったのですが，総じて評判は良く，修了率も紙のテキストを使った従来型の研修よりも倍近く高かったという統計が残っています．現業の社員にもなんとか利用してもらえるようなeラーニングとなると，自社製作しなければならないのですが，コストが高くつきそうなので，現在は，模様眺めといった状況です．将来的には，利用の割合を高めていきたいですね」【R社・運輸】．

「例えば，まったく同じ内容のテキストとeラーニングコンテンツがあった場合に，eラーニングを選択する社員がひじょうに多いんですよ．理由はわからないのですが，近い将来に，eラーニングを積極的に利用していきたいですね」【S社・運輸】．

6.2.5. eラーニングの問題点
(1) IT関連業種

「eラーニングを利用するようになってから，すべての社員に対して同一の内容の研修を受講させることができるようになったのですが，コンテンツを管理する社員の時間的負担が漸増し，また，高度のスキルを持つ社員でないとアップデートが難しいなどといった問題点があります」【A社・ソフトウェア】．

「eラーニング自体が実験途中で，まだ試行錯誤という状況もあって，圧倒的に使い勝手が悪いですね．改善の余地は山積しているといった状況です」【B社・ソフトウェア】．

「集合教育にかかる費用とeラーニングにかかる費用との差があまりないように思う．eラーニングを利用することによるメリットが明確になってくればよいのですが」【C社・ソフトウェア】．

「全国の社員を対象にした研修の場合，eラーニングはひじょうに効果の高い

研修方法だと思うのですが，現在のeラーニングは，いままで本社で行っていた集合研修を地方拠点でも受講することができるようになったという利点の印象が強く，今後は，パソコンさえあれば，いつでもどこでも時間にかかわらず受講することができるといった機動性に富んだ受講形態が実現できると便利ですね」【D社・メーカー】．

「eラーニングは，結局性能の高いパソコンがなければ受講することができないという点が致命的な欠陥ですね．受講する側が都合のよい時間に短時間でも受講しようとする場合は，テキストベースの方が使い勝手がよいと思います．いま以上に軽量で起動に時間がかからず，使用時間の長いバッテリー搭載したパソコンの開発が期待されるのと，例えば，数分でも，数行でもいいから学習できるようなコンテンツが必要であると思います」【E社・メーカー】．

「いままで使ってきたようなテキストのように使えるパソコンとeラーニングシステムがあると便利だと思います．eラーニングが企業内研修の方法として広く流通してくるようですと，このようなものも実現されてくるのではないでしょうか」【F社・メーカー】．

「いままで，集合研修さえできていなかったテレフォンオペレーターに対する研修が可能になった点は大きく評価されてしかるべきだと思うのですが，コンテンツの管理が予想以上に面倒で難しいですね．アップデートにかかる費用も含めて管理方法を考える必要がありそうだと考えています」【G社・通信】．

「携帯電話を使ったeラーニングができると便利ですね．パソコンを使った学習ですと，結局，"デスクに座って勉強"という形になってしまうので，長続きしなくなるケースが見られるんですね．やはり例えば，携帯電話などの携帯端末を使った手軽に短時間でも学習できるシステムがあると便利なように思います」【H社・通信】．

(2) その他の業種

「社員研修にeラーニングを使った経験が少ないということもあるのですが,使い方がわからないですよね」【J社・建設】.

「eラーニング自体に興味はあるのですが,使い方がわからないですね.どこかの会社で利用してもらって効果が確かめられれば利用するかもしれません」【K社・住宅】.

「eラーニングの究極的な使い方は,テキストのように手軽に持ち運べて,しかも例えば通勤途中の電車の中でも使えて,さらに,短時間学習に耐え得るようなものだと思いますね」【M社・銀行】.

「eラーニングの利用で社員研修が便利になったといっても,現在のところ,あらゆる意味において勉強する環境が整っていないと勉強できないという欠点があるように思います.社外でも簡単に使えるような環境が欲しいですね」【N社・証券】.

「社員であれば誰でも利用できるようなeラーニングシステムが必要だと思います.今の状況ですと,あらゆる意味において不便ですよね」【R社・運輸】.

6.3. まとめと考察

6.3.1. インタビューのまとめ

先進学習基盤協議会(2003)および経済産業省商務情報政策局情報処理振興課編(2004)の調査によれば,eラーニングが企業内教育において利用されている割合は非常に小さく,特にIT関連以外の業種においては,ほとんど利用されていないことが示された.

このことは,日本におけるeラーニングの歴史が浅く,企業内教育を行う際の道具として根付いていないという見方ができる一方で,別の理由(例えば,

従来の研究において明らかになっていない，企業内教育でeラーニングを活用しようとする場合の方法）もあるのではないかという見方もできる．

本章の研究課題は，企業内教育にeラーニングを導入している企業の人事・教育担当者に対してインタビューを行い，eラーニングを企業内教育に取り入れて活用している実務専門家の意見をヒアリングし，企業内教育へのeラーニングの導入に際しての問題点を明らかにすることであった．

インタビューは，①eラーニングの利用目的，②コンテンツの作成，③eラーニングの利点，④eラーニングの問題点について21の企業の人事・教育担当者について行った．その結果，ソフトウェア・メーカー・通信といったIT関連業種とそれ以外の業種において，(1)～(4)のそれぞれにおいて著しい差異があることが明らかになった．

インタビューによって得られた意見をまとめると次のようになる．

(1) eラーニングの利用目的
- a) IT関連業種
  - ・製品開発と従業員のスキルアップ
  - ・製品開発技術の向上
  - ・商品知識の習得
  - ・オペレーティング技術の向上
  - ・自己啓発
- b) その他の業種
  - ・入社前研修
  - ・商品知識の習得
  - ・社内業務に対する知識の習得
  - ・自己啓発

(2) コンテンツの作成
- a) IT関連業種
  - ・ほとんどの会社において自社製作

b）その他の業種
　　　・ほとんどの会社において外注あるいは未利用

(3) eラーニングの利点
　　a）IT関連業種
　　　・製品開発と社員教育の同時履行
　　　・社員教育に要する費用の節約
　　　・コンテンツのフレキシブルな運用
　　b）その他の業種
　　　・PCスキルと他のスキルの同時習得
　　　・社員教育に要する費用の節約
　　　・自学自習の意識の喚起

(4) eラーニングの問題点
　　a）IT関連業種
　　　・コンテンツの作成とアップデートに時間がかかる
　　　・コストパフォーマンスに優れているとはいえない
　　　・eラーニング専門の担当者が必要
　　　・企業内教育で利用できる汎用のソフトウェアがない
　　　・実践事例が少ない
　　　・対費用効果の測定が難しい
　　b）その他の業種
　　　・コンテンツのフレキシブルな改定の困難
　　　・コストパフォーマンスに優れているとはいえない
　　　・人事・教育担当者の負担の増大
　　　・実践事例が少ない
　　　・対費用効果の測定が難しい
　　　・利用の仕方がわからない

6.3.2. 考察

企業内教育におけるeラーニングの活用に関するインタビューの結果は，次のようにまとめることができる．

① eラーニングは，IT業種(本章においては，ソフトウェア，メーカー，通信)およびIT業種以外の業種においては金融業(本章においては，銀行，証券)において，積極的な利用に関心があり，目的を持って利用している，あるいは利用することを試みているが，これらの業種以外においては，積極的な利用について懐疑的である．
② IT・金融以外の業種においては，eラーニングの方法・効果が不明確なため，eラーニングの利用に消極的である．
③ 従来から企業内教育で多く利用されていた集合教育および通信教育と比較した場合に，eラーニングの利点が不明確である．
④ eラーニングを導入し，コンテンツを内製しようとする場合に，開発に要する費用および時間がかかりすぎるのではないかという疑問がある．
⑤ 社員からの需要を満たすためには多彩なeラーニングコンテンツを用意する必要があるが，対応しきれないのではないかという疑問がある．
⑥ 業種にかかわらず利用できる汎用のeラーニングソフトウェアがあると便利である．
⑦ 自社の業務と関連するeラーニングを企業内教育で提供しようとする場合に，どのソフトウェアを使ってどのように展開していけばよいのかがわからない．

ここまでの検討により，企業内教育におけるeラーニングの活用について，企業の人事・教育担当者は，eラーニングを企業内教育に利用することを検討してはいるものの，解決されていない問題点が多く，積極的な利用には至っていないことが明らかになった．

注

(1) 先進学習基盤協議会(ALIC)編著(2003)『e ラーニング白書 2003/2004 年版』オーム社, p.117 より作成.
(2) 先進学習基盤協議会(ALIC)が行った 2002 年の調査と 2004 年の調査では，調査対象，方法が異なるので，2 つの調査を一概に比較することはできないが，本稿では，単に企業内教育における e ラーニングの利用が少ないことを指摘するために利用した．
(3) 経済産業省商務情報政策局情報処理振興課編(2004)『e ラーニング白書 2004/2005 年版』オーム社, p.85 より作成.
(4) 先進学習基盤協議会(ALIC)編著(2003)『e ラーニング白書 2003/2004 年版』オーム社, p.128 より作成.
(5) 経済産業省商務情報政策局情報処理振興課編(2004)『e ラーニング白書 2004/2005 年版』オーム社, p.392 より作成.
(6) 先進学習基盤協議会(ALIC)編著(2003)『e ラーニング白書 2003/2004 年版』オーム社, p.129 より作成.
(7) 経済産業省商務情報政策局情報処理振興課編(2004)『e ラーニング白書 2004/2005 年版』オーム社, p.393 より作成.
(8) 企業内教育における e ラーニング利用に関するインタビュー
  ・目的：文献研究で得られた結果を e ラーニングを利用している企業の担当者に対してインタビューを行うことによって補完する
  ・対象：企業内教育担当者，総務担当者，人事担当者（それぞれにおいて実務担当者および管理責任者）
  ・構成：ソフトウェア 3 名，メーカー 3 名，通信 3 名，建設 1 名，住宅 1 名，銀行 2 名，証券 2 名，保険 1 名，運輸 3 名，監査法人 1 名）
  ・時期：2004 年 7〜8 月
  ・方法：e メール，電話，対面によるインタビュー
  ・内容：企業内教育における e ラーニングの利用状況および方法，利点，問題点

参考文献

カーラ・ウィリッグ(上淵寿・小松孝至・大家まゆみ(訳))(2003)『心理学のための質的研究法入門―創造的な探求に向けて』培風館.

経済産業省商務情報政策局情報処理振興課(2004)『e ラーニング白書 2004/2005 年版』オーム社.

経済産業省(2003)「平成 14 年度情報経済基盤整備アジア e-learning の推進報告書」

経済産業省(2004)「平成15年度情報経済基盤整備アジアe-learningの推進報告書」.
木下康仁(1999)『グラウンデッド・セオリー・アプローチ―質的実証研究の再生』弘文堂.
先進学習基盤協議会(ALIC)(2003)『eラーニング白書2003/2004年版』オーム社.
先進学習基盤協議会(ALIC)(2003)「e-learning forum 2002 summer 資料」.
ウヴェ・フリック(小田博志・山本則子・春日常・宮地尚子(訳))(2002)『質的研究入門　＜人間の科学＞のための方法論』春秋社.

第7章　eラーニングの企業内教育への導入と実践に関する提言

7.1. 日本の企業文化における企業内教育

　企業内教育とは，企業が主体となって，その活動に必要な職務能力の向上や人材の育成を目的に，自社の従業員を対象として行う教育訓練をいう(桐原・永丘, 1961)．現代において，職業人としての資質は，基本的に学校教育によって習得される性質のものであると考えられている．しかし，学校教育は，基礎的・一般的な性格を持ち，それぞれの企業が実際の業務において必要とする知識や技術を身につけさせるものではない．また，社会の変化が速い現代では，学校で習得された知識や技術の陳腐化の速度も速まることから，絶えず新しい知識や技術を修得していかなければならない．この社会的要請から，企業内教育の必要が生ずると考える．企業組織の中では，学校教育以外の知識とスキルが必要となるのである．

　小松(2004)は，これまでの日本の企業内教育の多くは終身雇用で，工業化社会の比較的社会の変化のゆるやかな時代に創られてきた文化である．工業化社会の企業内教育とは組織をうまく機能させるために，よく働く社員を，目標に向けて懸命に努力するように教育しようとするモデルであるといっている．

　この指摘のポイントは，第1に，これまでの企業内教育が終身雇用の前提のうえに成立していたこと，第2に，これまでの企業文化が，社会の変化のゆるやかな時代に創られてきた文化であること，第3に，よく働き努力する社員の養成が企業内教育の最大の目標となるため，社員一人ひとりの特性や能力に対する教育という視点がないこと，である．

社会の変化のゆるやかな時代で，かつ，多くの場合において社員の終身雇用が保障されていた社会にあっては，年功序列的に企業内の職位と収入が保障されたうえで上昇していくため，社員の精神的および経済的満足が充足されるので，定年退職前に離職するということも起こり難かった．こういったなかでの企業内教育は，同時期に同じ学歴を持って会社に入った人間がほぼ同時期に昇進していくことを前提としてなされ，入社後の経験年数に従って一斉に職階別の研修(例えば，入社年次研修・係長研修・課長研修など)を受けさせることで足り，職能別の研修(例えば，営業担当者研修・経理担当者研修・総務担当者研修など)は社員の配置換えに伴うOJTで補われることが多かった．この場合の企業内教育は，社員の職能に対して行われるのではなく，職階に対して行われていた．

ところが，1990年代以後，情報化社会が進むなかで，顧客のニーズが複雑に多様化し，加えて，ニーズの変化が激しくなった．それに対応するために，社員教育は，従来の職階別研修に加えて，社員それぞれの特性や能力に応じた深化細分化された職能別研修の必要性が増大することとなった．

このような企業内教育のニーズの変化は，企業内教育を将来に対する投資と見るのではなく，費用として見る傾向が強い日本の企業にあっては，深化細分化された企業内教育を行うことは，費用の増大を意味し，企業の業績に寄与しない教育の実践が縮小しているという事態に直面する(小松，2004)ことになった．

ここまでの検討から，日本の企業は，企業内教育を①複雑な顧客のニーズに対応させる，②費用として捉えるのではなく，将来への投資として捉える必要性の二点において，これからの企業内教育は，従来の企業内教育の枠組みで捉えるべきではないことが示唆される．

このような企業内教育への新しい要請は，フレキシブルかつ低コストに企業内教育を提供することができるeラーニングの普及を後押しすることになる．

7.2. eラーニングの企業内教育導入に関わる4つの視点

企業内教育にeラーニングを導入することを考える場合に，4つの視点から検討される必要がある．第1は，企業内教育を企画運営する側(企業の人事・教育担当者)からの視点である．この立場からの最大の関心事は，最小の費用で最大の効果を得ることである．第2は，受講する側(受講者)からの視点である．この立場における最大の関心事は，手軽かつ短時間に受講することができるか否かにある．第3は，物理的な距離に関わる問題である．第4は，大学等の研究者による学術的研究からの視点である．企業内教育にeラーニングを導入しようとする場合には，これらの視点を総合した視点(※部)が必要である(図7-2-1)．

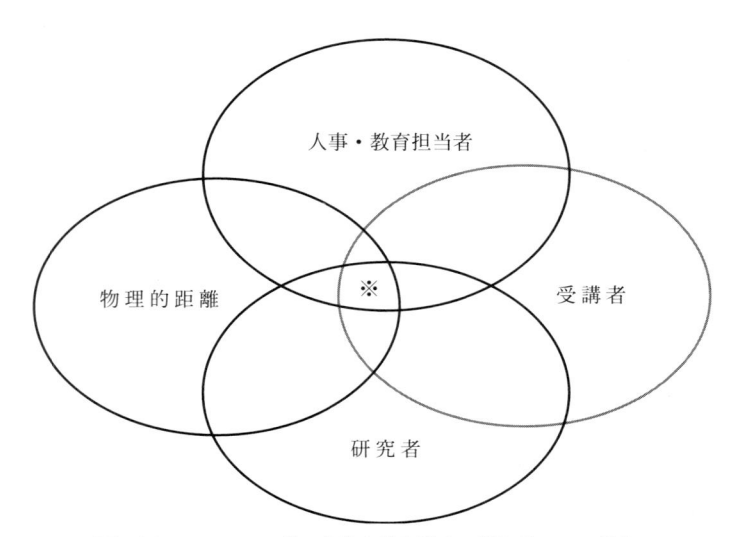

図7-2-1　eラーニングの企業内教育導入に関わる4つの視点

この4つの立場におけるeラーニングの活用に際しての問題点は，eラーニングを企画運営する側においては，企業内教育におけるeラーニングの活用に関

するアンケート調査(詳細は第6章を参照)の結果から,企業の人事・教育担当者は,企業内教育にeラーニングを利用することに興味を持ち導入を検討しているが,集合研修あるいは郵便を使った通信教育と比較した場合に,eラーニングの利点,特に①方法,②効果,③費用に関する知見の蓄積が不足していることによって,eラーニングの導入が進んでいないのではないかと考える.

　また,受講する側の要因においては,"手軽"かつ"短時間"の受講を妨げるように作用する日本の企業文化あるいは企業風土が大きく影響しているのではないかと考える."手軽"という要因について,梅沢(2003)によれば,日本の企業においては,仕事を遂行する能力が重視される一方で,それ以上に,仕事に関係する周囲の人間との人間関係が重視される傾向が強いことが指摘されている.従業員間においても就業時間内は仕事に専念することが暗黙の了解とされ,たとえ企業内研修の受講であったとしても就業時間外に行うべきとする考え方が強いように思われる.また,従業員に対する(時間,仕事,行動などにおいて)管理が厳しく,この点も,"手軽"な受講を阻む要因となっているのではないかと考える."短時間"という要因については,印刷教材(教科書などのテキスト教材など)は,持ち運びが簡単で場所を選ばず,短時間であっても受講することができる一方で,eラーニングは,印刷教材の代わりにコンピュータを介したデジタルコンテンツを利用することから,印刷教材と比べて持ち運びが簡単で,かつ,場所を選ばないという点において劣る.

　物理的な距離に関わる問題に関しては,eラーニングが発展してきたアメリカと比較して国土の狭い日本においては,例えば企業の本社の集中する東京で集合研修を行うことを考えた場合に,全国に散在する地方支店から3時間程度の移動時間を想定すれば,ほとんどの場合において東京まで移動が可能なのである.この視点から見た場合に,従業員の移動に要する費用(交通費,複数日にまたがる場合においては宿泊費など),あるいは効果と比較した場合に,eラーニングによって研修が行われる方が社員教育において有効であるという知見が必要となる.

　eラーニングの集合研修あるいは印刷教材を利用した通信教育と比較した場合の利点が,科学的に証明されていれば,上述した第一の視点から第三の視点

は棄却されるかもしれない．鈴木(2004)は，eラーニングの活用方法としてブレンディング学習の活用を示唆しているが，eラーニングが印刷教材との併用なしになされることは難しいという"eラーニングの限界"を示しているのかもしれない．

ここで述べたeラーニングの企業内教育導入に関わる4つの視点のうち，本稿において特に重要なのは，第二の視点として示した受講者からの視点と第四の視点として示した学術的研究からの視点であると考える．なぜなら，日本の企業内教育においてeラーニングが利用されるためには，日本の企業文化あるいは企業風土を考慮に入れた企業内教育のためのeラーニングが考えられる必要があり，その役割を担うのが学術的研究による裏づけであると考えるためである．

本節では，前章までの検討により得ることができた知見に基づき，日本の企業文化あるいは企業風土に合ったeラーニングを利用したインストラクショナルデザイン(ID)モデルを提示する．

7.3. 日本の企業内教育におけるインストラクショナルデザイン(ID)モデル

7.3.1. モデル設定の意図

日本の企業文化あるいは企業風土を考慮に入れたeラーニングモデルを考える場合に，鈴木(2004)の研究が参考になる．鈴木のアプローチは，学校教育，生涯教育，企業内教育などを含む広い意味での教育を対象とするものである．この視点においては，必ずしも企業内教育に当てはまるとは限らないことから，本章では，企業内教育に焦点を絞り，企業内教育における日本の企業文化あるいは企業風土に合ったeラーニングモデルの一例を示すことにする．

その際に重要と考えるのは，前節において明らかになった日本の企業内教育においてeラーニングを利用する場合に最も重要だと考えられる点は，受講者が，仕事の合間の僅かな時間を利用して，印刷教材と比較して"手軽"かつ"短時間"に受講することができることである．

7.3.2. インストラクショナルデザイン (ID) モデルの提示

前節で述べた意図に基づいてインストラクショナル (ID) モデルを提示する．

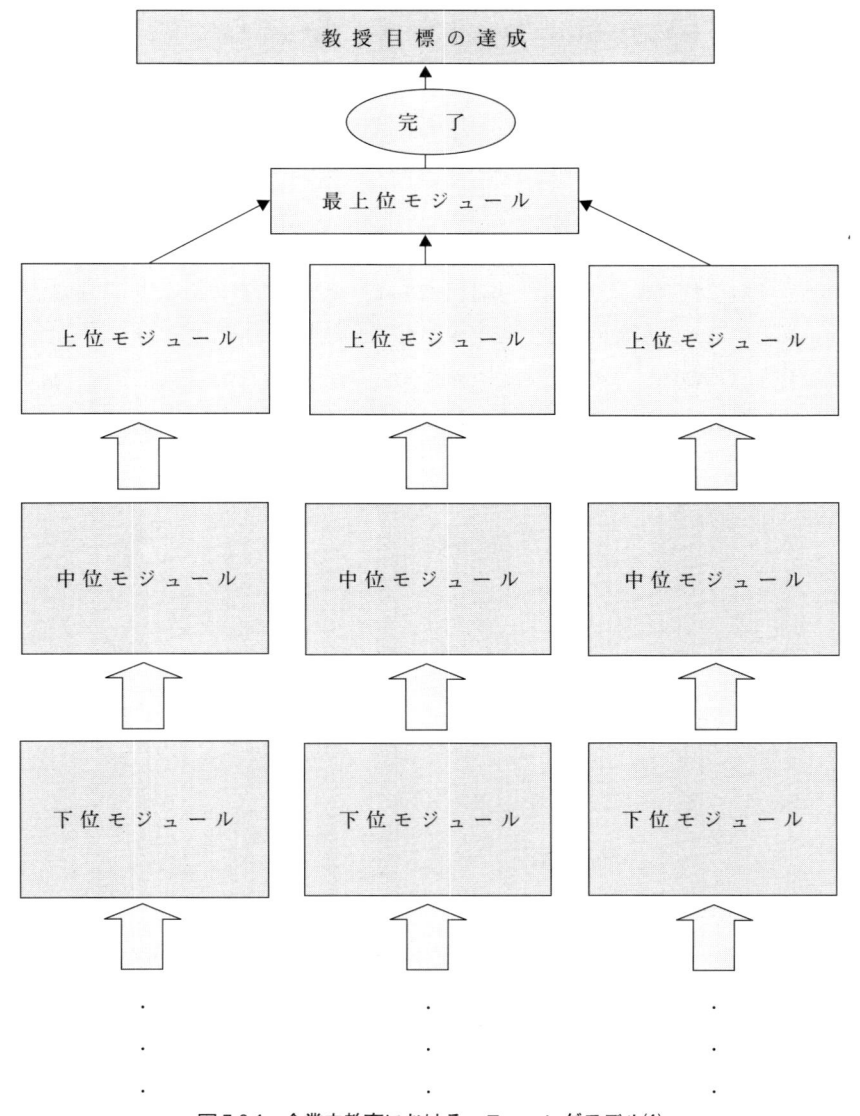

図 7-3-1　企業内教育における e ラーニングモデル(1)

ある教授目標が設定されている場合に，その目標を達成させるために最上位のモジュールを設定する（最上位のモジュールは1つである必要はない）．その下位に複数のモジュール（中位のモジュール）を設定する．その下位には，上位のモジュールを受講するにあたって獲得しておく必要がある学習が獲得されるようにモジュールを設定する．その下位にまた同様にモジュールを設定する．このモジュールの組み合わせを複数回組み合わせることによって，最終的に教授目標を達成されるようにモジュールを組み合わせ，1つの教授単位を構成する（図7-3-1）．

　また，それぞれのモジュールは，さらに複数のスモールステップから構成される．それぞれのステップは，集合研修を除く企業内教育にあっては，通勤途中，あるいは，仕事の間に生じたわずかな空き時間を利用して学習されることがひじょうに多いと考えられることから，5〜10分程度の"短時間"で完結するように設計されていることが望ましいのではないだろうか（図7-3-2）．

第7章 eラーニングの企業内教育への導入と実践に関する提言　109

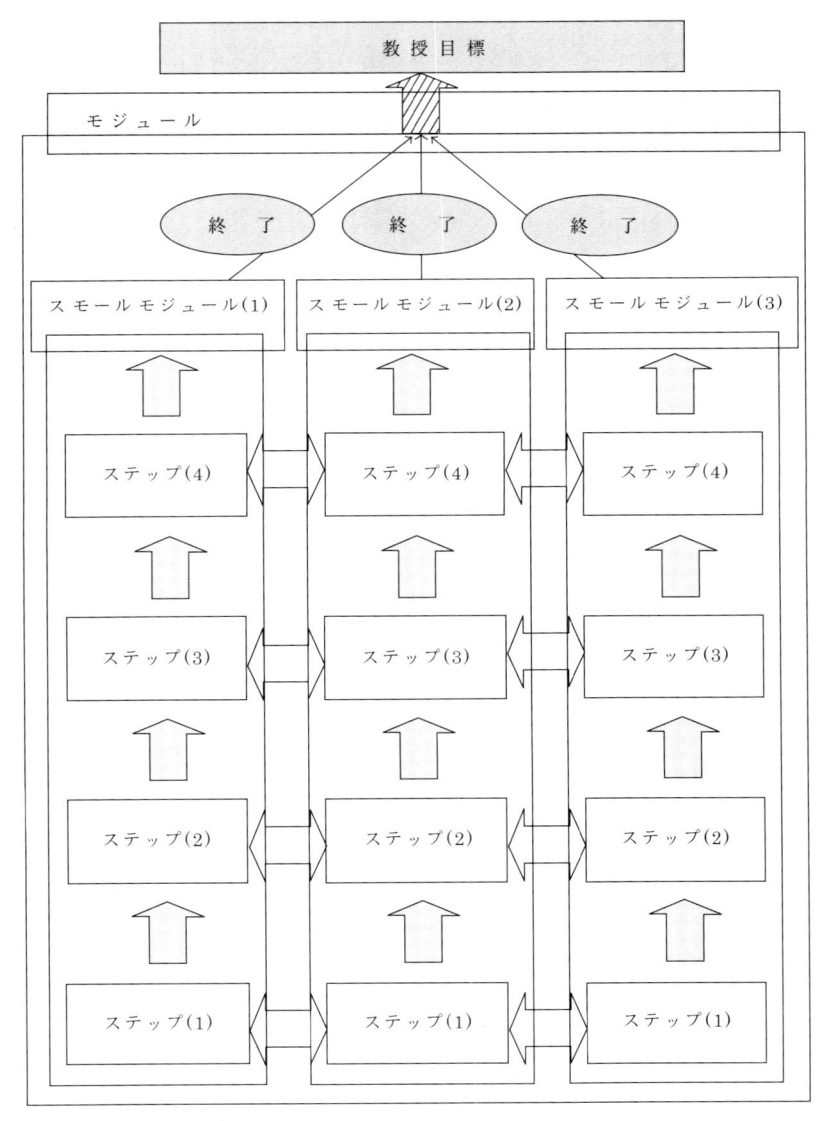

```
                     教 授 目 標

   モジュール
                 終了     終了     終了

   スモールモジュール(1)  スモールモジュール(2)  スモールモジュール(3)

      ステップ(4)      ステップ(4)      ステップ(4)

      ステップ(3)      ステップ(3)      ステップ(3)

      ステップ(2)      ステップ(2)      ステップ(2)

      ステップ(1)      ステップ(1)      ステップ(1)
```

⇧　受講ステップの流れ
⇔　各モジュールに含まれるステップの相互の関連
　　（相互に関連している）

図7-3-2　企業内教育におけるeラーニングモデル(2)

参考文献

桐原葆見・永丘智郎編(1961)『職場教育－職場訓練の理論と方法』東洋経済新報社.

小松秀圀(2004)「第1章　企業内教育とeラーニング」鈴木克明(編著)『詳説インストラクショナルデザイン　eラーニングファンダメンタル』日本イーラーニングコンソシアム.

梅沢正(2003)『組織文化・経営文化・企業文化』同文舘出版.

第8章 考　察

　本書は，日本における企業内教育にeラーニングを導入しようとする場合，あるいは，活用しようとする場合に，どのようなインストラクショナルデザインが適しているのか，そして，どのようなeラーニングが考えられなければならないのかを明らかにすることを目的として書かれたものである．
　以下，本研究によって得ることができた知見を示す．

　第2章では，日本における遠隔教育の歴史とeラーニングの成立を検討することにより，eラーニング成立の理由および背景を示した．
(1) 受講者の都合に合わせて，時間と場所における自由度が増大した．
(2) 受講者と教授者との双方向即時通信が可能となり，"時間的距離"が短縮された．
(3) 学習教材を，通信教育や放送メディアを利用した遠隔教育における印刷媒体を中心としたもの，あるいは，マルチメディア教育における大容量メディアを利用したものから，通信回線を通じて配信される多彩な学習コンテンツを利用する形態に発展することによって，学習教材の利用における選択余地が拡大した．
(4) 学習方法において，個別学習・集合学習・双方をミックスしたブレンディッド学習などの様々な形態を選択することができるようになった．
(5) 学習教材の配布・課題の提出，および評価の返却がネットワークを介することによって即時になされるようになった．
(6) 学習過程において質問が生じた場合に，メールなどのツールを利用することによって，速やかに回答を得ることができるようになった．

(7) 受講者と教授者間における一方向的な一対一のコミュニケーションから，ネットワークを介した双方向で速やかなコミュニケーションが可能となった．また，受講者と受講者間におけるコミュニケーションも含んだ双方向，かつ，一対多のコミュニケーションが可能となった．
(8) 教室授業や従来の遠隔教育においては不可能であった，複雑な計算を要する学習者の学習状況(プロフィール)に応じて即時に課題の設定を行い，評価を行う仕組みがコンピュータとネットワークを介することによって実現される可能性が広がった．

第3章は，eラーニングの発展過程と，定義，分類について検討を行い，eラーニングを活用することにより，従来の対面授業ではできなかった何が可能となるのかを示した．
(1) 受講者にとっての利点
　① 受講者の人数と時間，場所に制約されることなく学習を行うことができる．
　② 受講者のレベルに合わせて，必要なコンテンツのみを学習することができる．
　③ 紙で提供される教材では実現できなかった，マルチメディアを使った教材の制作が可能となる．
　④ 講師と受講者，あるいは，受講者間でのネットワークテクノロジーを介在させたコミュニケーションが可能となる．
(2) 教授者にとっての利点
　① 教授内容の更新，受講者の知識の変化に合わせて，教材内容の更新を速やかに行うことができる．
　② 受講者のプロフィールやや学習の進捗状況を即時に把握することができ，受講者の管理が容易になる．
　③ 共通のプラットホームとして，ウェブ・ブラウザが使われるため，教材の互換性，汎用性，および操作性が向上する．

第4章は，日本においては，eラーニングに関する研究の進んでいるアメリカと比べた場合に，IDの概念の捉え方，あるいは，使われ方が異なるのではないかという疑問から，日本における今日のeラーニングにおけるIDの理論的再検討を行った．

(1) Gagné et al. は，IDについて，各種のメディア（コンピュータを含む）を使うことの重要性について言及しているが，その利用は，あくまでも教授事象を構成する"刺激提示の手段"として捉えているにすぎない．

(2) Gagné et al. の研究では，IDにおいて教授目標として設定された成果に到達したか否かを測定するにあたって，一定の到達基準を示し，その基準に到達したか否かを計測するという考え方は示されているが，どのようにすれば計測できるか，どのような方法を取り得るのかといった具体的方法が示されていない．

(3) わが国の企業内教育におけるIDは，トレーニング（訓練）とインストラクション（教授）との混同が生じており，両者を明確に区別して議論する必要がある．

(4) eラーニングの発達に伴って，ID研究は，より「教授設計」と，教育工学研究との連関が意識されて考察がなされる必要がある．

第5章は，eラーニング登場前後におけるIDに関する議論（第4章で示した，日本におけるIDの理論的再検討に関する議論）を踏まえ，企業内教育にeラーニングを導入することを考慮に入れたeラーニングモデルの提出を行った．

(1) eラーニングを下支えする教授設計理論は，Gagné and Briggs のIDモデルが適している．

(2) eラーニングは，受講者の時間的制約に合わせて同じ品質のコンテンツを何度でも繰り返して学習することができる品質の保持・再現性の確保と短時間で完結するモジュールの組み合わせによる構造化が重要である．

(3) eラーニングは，第1に，モデル構築に際して，背景となる学習理論が確立していること，第2に，eラーニングの利点が踏まえられていること，第3に，CBTの利点が踏まえられていること，第4に，経営者（評価者）

のためのというよりは，社員(学習者)のためのeラーニングであること，が明確になっていなければならない．

(4) eラーニングにおける受講環境において，受講者の質問や疑問をeラーニングシステム上で即座に解決できるようなシステムの構築が考えられなければならない．

(5) eラーニングにおいては，受講者と教授者，あるいは，受講者と受講者の情報交換を行うためのコミュニケーションツール(メーリングリスト，掲示板など)の役割に関する議論が深化される必要がある．

(6) コンピュータを利用した動的評価の適用可能性の検討

第6章は，eラーニングを導入している企業の人事・教育担当者にインタビューを行うことによって，実際の企業内教育においてeラーニングを導入する場合の問題点を明らかにした．

第7章は，第6章までの検討により得ることができた知見から，企業内教育へのeラーニングの導入と実践に関するIDモデルを示し提言を行った．

以上，第1章から第7章まで日本におけるeラーニングの企業内教育への導入を念頭に分析を行った．その結果，日本におけるeラーニングの発展過程および企業内教育への導入に係る問題点の提示とIDモデルを示すことができた．
しかし，その検証の精度を向上させ，理論の精緻化と実現を行うために，より，精密な分析を行っていきたいと考えている．

第 9 章　結　語

　本研究では，日本において企業内教育に e ラーニングを導入しようとする場合，あるいは，活用しようとする場合に，どのようなインストラクショナルデザインが適しているのか，そして，どのような e ラーニングが考えられなければならないのかを明らかにすることを目的とした．

　研究方法は，公刊されている著書，論文，資料などに基づく文献研究を根幹に置きながら，さらに，企業内教育に e ラーニングを活用している企業の Web サイトの精査，および，企業の人事・教育担当者に対して行ったアンケート調査を交えて考察を行った．その際に，日本においては，e ラーニングに関する研究の進んでいるアメリカと比べた場合に，ID の概念の捉え方，あるいは，使われ方が異なるのではないかという疑問から，日本における企業文化，企業風土を考慮に入れた日本企業の企業内教育に適した ID 概念を再構築する必要があることを問題提起し，さらに，企業内教育において利用される場合の e ラーニング，あるいは，Web-based Education(WBE) を活用した場合の ID の一例を示すことも併せて考察の対象とした．

　考察の結果，日本の企業内教育において e ラーニングを活用しようとする場合には，e ラーニングを提供する側としての人事・教育担当者の立場からは，従来，行われてきた集合研修あるいは郵便を利用した通信教育と比較して，費用において"安価"で教育"効果"の高い e ラーニングが要求されており，また，受講する側の立場からは，仕事の合間のわずかな時間を利用して"簡単"に"短い時間"で受講することができる e ラーニングが必要であり，また，この要求を満たす ID モデルが有効であるということが示された．

　本研究の成果は，従来の議論においては，企業内教育における e ラーニング

は，1回の受講に60~120分の受講時間が必要とされていたが，本研究において，1回の受講を5~10分程度の短い時間にし，さらに，その時間内で1受講モジュールを構成する最小単位のステップの学習が終了するように設計されることが望ましいことが明らかになったことである．

今後の課題は，本研究で得られた知見をさらに精緻化するとともに，企業内教育のためのIDに基づいたeラーニングシステムを開発していくことである．

文 献

e-Learning

Agre P. (1997) Computation and Human Experience (Learning in Doing : Social, Cognitive and Computational Perspectives). Cambridge Univ Pr (Sd).

Aldrich C. (2003) Simulations and the Future of Learning : An Innovative (And Perhaps Revolutionary) Approach to E-Learning. Pfeiffer & Co.

Allan B. (2002) E-Learning and Teaching in Library and Information Services. Library Assn Pub Ltd.

American Productivity & Quality Center (2002) Planning, Implementing, and Evaluating E-Learning Initiatives. Amer Productivity Center.

Banks S. (2002) Collaborative E-learning in Higher Education. Univ. Sheffield, Divn. of Educ.

Barnfield E. (2002) High Impact E-Learning Strategies. Melcrum Publishing.

Block J.H. (1988) Building Effective Mastery Learning Schools. Longman Group United Kingdom.

Borck L.E. (1985) Learning Counseling and Problem-Solving Skills/With Instructors Manual. Howorth Pr Inc.

Bouton M.E. (1997) Learning, Motivation, and Cognition : The Functional Behaviorism of Robert C. Bolles. Amer Psychological Assn.

Brady E.M. (1986) Perspectives on Adult Learning. Univ Southern Maine.

Broadbent B. (2002) ABCs of E-Learning : Reaping the Benefits and Avoiding the Pitfalls. Pfeiffer & Co.

Brooks-Harris J.E. (1999) Workshops : Designing and Facilitating Experiential Learning. Sage Pubns.

Brown S.A. (2000) The Active Learner : Successful Study Strategies. Roxbury Pub Co.

Burgess W.E. (1995) The Oryx Guide to Distance Learning : A Comprehensive Listing of Electronic and Other Media-Assisted Courses. Oryx Pr.

Carliner S. (2002) Designing E-Learning (Astd E-Learning Series, 6th Bk.). Amer Society Training & Dev.

Carr-Chellman A.A. (2004) Global Perspectives On E-learning : Rhetoric And Reality. Sage Pubns.

Catherall P. (2004) Delivering E-learning for Information Services in Higher Education (Chandos Series for Information Professionals). Chandos Publishing Oxford Ltd.

Chadha G. (2003) E-Learning : An Expression of the Knowledge Economy. Mcgraw-Hill (Tx).

Chambers E. (2000) Contemporary Themes in Humanities Higher Education. Kluwer Academic Pub.

Christopher D. (2004) E World : Virtual Learning, Collaborative Environments, and Future Technologies. Natl Business Education Assn.

Clark R.E. (2001) Learning from Media : Arguments, Analysis, and Evidence (Perspectives in Instructional Technology and Distance Learning, .1). Information Age Pub Inc.

Clarke A. (2004) E-learning Skills (Study Guides). Palgrave Macmillan.

Cole H. (2002) European E-learning Directory. FM Systems & eLearning Centre.

Cross J.A. (2002) Implementing E-Learning (Astd E-Learning Series, 7th Bk.). Amer Society Training & Dev.

Cyrs T.E. (1997) Teaching and Learning at a Distance : What It Takes to Effectively Design, Deliver, and Evaluate Programs (New Directions for Teaching and Learning, No 71). Jossey-Bass Inc Pub.

Dam N.V. (2003) The E-Learning Fieldbook: Implementation Lessons and Case Studies from Companies That Are Making E-Learning Work. Mcgraw-Hill.

Daniels S.E. (2001) Working Through Environmental Conflicts : The Col-

laborative Learning Approach. Praeger Pub.
Dolby N. (2004) Learning to Labor in New Times (Critical Social Thought). Routledge.
Dr. Bowles M. (2004) Relearning To E-learn : Strategies For Electronic Learning And Knowledge. Melbourne Univ Pr.
Eitington J.E. (2001) The Winning Trainer : Winning Ways to Involve People in Learning. Butterworth-Heinemann.
E-Linkages Inc. (2003) Blended Learning : An Ongoing Process for Internetintegration. Trafford.
Evensen D.H. (2000) Problem-Based Learning : A Research Perspective on Learning Interactions. Lawrence Erlbaum Assoc Inc.
Fallon C. (2002) E-Learning Standards : A Guide to Purchasing, Developing, and Deploying Standards-Conformant E-Learning. Saint Lucie Pr.
Garrison D.R. (2003) E-Learning in the 21st Century : A Framework for Research and Practice. Falmer Pr.
Gibson D. (2004) Learning and Knowledge for the Network Society (International Series on Technology Policy and Innovation). Purdue Univ Pr.
Gillani B.B. (2003) Learning Theories and the Design of E-Learning Environments. Univ Pr of Amer.
Glade N. (2003) E-Learning & E-Term. Project Consult, Hbg.
Goldberg D.E. (1989) Genetic Algorithms in Search, Optimization and Machine Learning. Addison-Wesley Pub (Sd).
Gould T. (2004) Real Successin the Virtual Classroom : A Guide to E-Learning. Carolina Academic Pr.
Gredler M.E. (2004) Learning and Instruction : Theory into Practice. Prentice Hall College Div.
Hartley D.E. (2001) Selling E-Learning. Amer Society Training & Dev.
Heinich R. (2001) Instructional Media and Technologies for Learning. Prentice Hall College Div.
Henderson A.J. (2003) The E-Learning Question and Answer Book : A Survival Guide for Trainers and Business Managers. Amacom Books.
Henrichsen L.E. (2001) Distance-Learning Programs (Case Studies in Tesol

Practice). Teachers of English to.

Herrick R. (1999) Instructional Media and Technologies for Learning. Prentice Hall College Div.

Hills H. (2003) Individual Preferences in E-Learning. Gower Pub Co.

Hogan M. (2004) Entrepreneur Magazine's Start Your Own E-learning Business : Your Step-by-Step Guide to Success (The Startup Series). Entrepreneur Pr.

Holton V. (2004) E-learning Research.

Horton W. (2001) Leading E-Learning (The Astd E-Learning Series). Amer Society Training & Dev.

Horton W. (2003) E-Learning Tools and Technologies : A Consumer's Guide for Trainers, Teachers, Educators, and Instructional Designers. John Wiley & Sons Inc.

IBM Redbooks (2003) Using the IBM Lotus Virtual Classroom : A Best Practices Guide to E-Learning. Ibm.

IBM Redbooks (2002) Using the IBM Lotus Learningspace - Virtual Classroom a Best Practices Guide to E-Learning. Ibm.

Ii G.E.M. (1993) Computers : Literacy and Learning : A Primer for Administrators (Roadmaps to Success : The Practicing Administrator's Leadership). Corwin Pr.

Iverson K.M., Ph. D. (2004) E-Learning Games : Interactive Learning Strategies for Digital Delivery. Prentice Hall.

Jackson (2002) E-Learning Guide. Thomson Publishing.

Jochems W. (2003) Integrated E-Learning : Implications for Pedagogy, Technology and Organization (Open & Flexible Learning S.). Routledge.

Jochems W. (2003) Integrated E-Learning : Pedagogy, Technology, and Organization (Open and Flexible Learning Series). Kogan Page Ltd.

Joyce B.R. (1996) Creating Learning Experiences : The Role of Instructional Theory and Research. Assn for Supervision & Curriculum.

Khosrow-Pour M. (2002) Web-Based Instructional Learning. Irm Pr.

Kuh G.D. (1991) Involving Colleges : Successful Approaches to Fostering Student Learning and Development Outside the Classroom (Jossey-

Bass Higher and Adult Education). Jossey-Bass Inc Pub.
Lai K.-W. (2001) E-Learning : Teaching and Professional Development With the Internet. Univ of Otago Pr.
Latchem C. (2001) Leadership for 21st Cetnury Learning : Global Perspectives from Educational Innovators (Open and Distance Learning). Kogan Page Ltd.
Lemut E. (1993) Cognitive Models and Intelligent Environments for Learning Programming (NATO Advanced Science Institute S.). Springer-Verlag Berlin and Heidelberg GmbH & Co. K.
Lewis R. (2003) How to Plan and Manage an E-Learning Programme. Gower Pub Co.
Lieshout M.V. (2001) Social Learning Technologies: The Introduction of Multimedia in Education. Ashgate Pub Co.
Littlejohn A. (2003) Reusing Online Resources : A Sustainable Approach to E-Learning (Open and Flexible Learning Series). Kogan Page Ltd.
Lucas E.F. (2003) Distance Learning on a Dime. Trafford.
Mantyla K. (2001) Blending E-Learning : The Power Is in the Mix (The Astd E-Learning Series). Amer Society Training & Dev.
Martin D. (2001) Using E-mail (Learning for Work S.). Southgate Publishers.
Mayer R.E. (2001) Multimedia Learning. Cambridge Univ Pr (Sd).
Mayer R.E. (2002) Learning and Instruction. Prentice Hall College Div.
Mazur J.E. (2001) Learning and Behavior. Prentice Hall College Div.
Merlevede P.E. (2002) Mentor : Q Learning (Q Learning S.). Hodder & Stoughton.
Miller A. (2001) E-Learning and the UK IT Training Market. Ovum.
Miller D.E. (2004) The Stop...Think...Do...Program. Xulon Press.
Miller R.E. (1998) As If Learning Mattered : Reforming Higher Education. Cornell Univ Pr.
Mithaug D.E. (2000) Learning to Theorize : A Four-Step Strategy. Sage Pubns.
Morrison D. E-Learning Strategies : How to Get Implementation and Delivery Right First Time. John Wiley & Sons, Ltd.
Murdoch J.E. (1975) The Cultural Context of Medieval Learning (Boston

Studies in the Philosophy of Science). Kluwer Academic Publishers.
Nistal M.L. (2003) Computers and Education : Towards a Lifelong Learning Society. Kluwer Academic Pub.
Oecd (2001) E-Learning - The Partnership Challenge. Organization for Economic.
Oyston E. (2003) Centred on Learning : Academic Case Studies on Learning Centre Development. Ashgate Pub Co.
Pardo D. (2001) Building E-Learning into Your Organization. Gower Publishing Limited.
Phillips J J. (2001) In Action : Implementing E-Learning Solutions. Amer Society Training & Dev.
Piontek M. (2004) Evaluation Strategies for Communicating and Reporting Enhancing Learning in Organizations. Sage Pubns.
Piskurich G.M. (2003) Preparing Learners for E-Learning. Pfeiffer & Co.
Piskurich G.M. (2003) The Ama Handbook of E-Learning : Effective Design, Implementation, and Technology Solutions. Amacom Books.
Pollard E. (2001) Exploring E-learning (IES Reports). Institute for Employment Studies.
Ralph K.S. (2001) Interactions for Development and Learning : Birth Through Eight Years. Merrill Pub Co.
Randhawa B.S. (1978) Visual Learning, Thinking, and Communication (Academic Press Series in Cognition and Perception). Academic Pr.
Reksten L.E. (2000) Using Technology to Increase Student Learning. Corwin Pr.
Research C. (2001) Directory of E-Learning Suppliers. Corpu Pr.
Roffe I. (2002) Innovation and E-Learning : A Prospectus for an Educational Enterprise. Univ of Wales Pr.
Rosenberg M.J. (2000) E-Learning : Strategies for Delivering Knowledge in the Digital Age. Mcgraw-Hill.
Rossett A. (2001) 2002 Astd E-Learning Yearbook. Mcgraw-Hill.
Rossett A. (2001) The Astd E-Learning Handbook. Mcgraw-Hill.
Ryan K. (2000) Evaluating Teaching in Higher Education : A Vision for

the Future (NEW DIRECTIONS FOR TEACHING AND LEARNING). Jossey-Bass Inc Pub.
Salmon G. (2000) E-Moderating : The Key to Teaching and Learning Online (Open and Distance Learning Series). Kogan Page Ltd.
Salmon G. (2002) E-Tivities : The Key to Active Online Learning. Kogan Page Ltd.
Salmon G. (2003) E-Moderating : The Key to Teaching and Learning Online (Open and Flexible Learning Series). Kogan Page Ltd.
Salmon G. (2004) E-Moderating : The Key to Teaching and Learning Online. Routledge.
Salmon G. (2004) E-Moderating : The Key to Teaching and Learning Online. Routledge.
Schostak J.F. (1990) A. C. E. Distance Learning Study Guide. Univ. E. Anglia, Centre for Applied Research in Educ.
Shackelford B. (2002) Project Managing E-Learning. Amer Society Training & Dev.
Shepherd C. (2003) E-Learning's Greatest Hits. Above and Beyond Ltd.
Shuman J.E. (2001) Multimedia Concepts : Illustrated Introductory (Illustrated (Thompson Learning)). Course Technology Ptr (Sd).
Sinclair J.T. (2001) Creating Web-Based Training : A Step-By-Step Guide to Designing Effective E-Learning. Amacom Books.
Slavin R.E. (1994) Cooperative Learning : Theory, Research, and Practice. Allyn & Bacon.
Slavin R.E. (1996) Education for All (Contexts of Learning : Classroom, Schools & Society). Swets & Zeitlinger.
Sloman M. (2001) The E-Learning Revolution (Developing Practice). Chartered Institute of Personnel and Development.
Sloman M. (2002) The E-Learning Revolution : How Technology is Driving a New Training Paradigm. Amacom Books.
Smaldino S.E. (2004) Instructional Technology And Media For Learning. Prentice Hall College Div.
Snelbecker G.E. (1985) Learning Theory, Instructional Theory, and Psy-

choeducational Design. Univ Pr of Amer.
Sugerman D.A. (1999) Reflective Learning : Theory and Practice. Kendall Hunt Pub Co.
Thomas J.E. (1985) Learning Democracy in Japan : The Social Education of Japanese Adults. Sage Pubns.
Torres R.T. (1996) Evaluation Strategies for Communicating and Reporting : Enchancing Learning in Organizations. Sage Pubns.
Utgoff P.E. (1986) Machine Learning of Inductive Bias (Kluwer International Series in Engineering and Computer Science, 15). Kluwer Academic Pub.
Weygardt J.J. (2002) Active Learning Edition for Accounting Principles. John Wiley & Sons Inc.
Wickett R.E.Y. (1999) How to Use the Learning Covenant in Religious Education : Working With Adults (Kenosis Book). Religious Education Pr.
Williams S.M. (1998) Learning Through Problem Solving : Special Issue. Lawrence Erlbaum Assoc Inc.

Instructional Design(ID)

Abbey B. (2000) Instructional and Cognitive Impacts of Web-Based Education. Idea Group Pub.
Alden (1960) Instructional Design Library. Educational Technology Pubns.
Aldrich C. (2003) Simulations and the Future of Learning : An Innovative (And Perhaps Revolutionary) Approach to E-Learning. Pfeiffer & Co.
Allen M. (1995) Authorware Academic : User's Guide and Models for Instructional Design. Prentice Hall.
Allen M. (1997) Authorware Models for Instructional Design.
Anderson K.J. (1999) Loex of the West : Collaboration and Instructional Design in a Virtual Environment (Foundations in Library and Information Science, V. 43). Jai Pr.
Armstrong A.-M. (2003) Instructional Design in the Real World : A View from the Trenches (Advanced Topics in Information Resources Management). Information Science Pub.
Baine D. (1982) Instructional Design for Special Education. Educational

Technology Pubns.

Berge Z.L. (1996) Wired Together : The Online Classroom in K-12 : Perspectives and Instructional Design. Hampton Pr.

Briggs L.J. (1991) Instructional Design : Principles and Applications. Educational Technology Pubns.

Broadwell M.M. (1980) Lecture Method of Instruction (The Instructional Design Library, 27). Educational Technology Pubns.

Bruce Guy S. (1999) Instructional Design Made Easy : A Workbook for Designing Accelerated Learning Programs. Aubrey Daniels & Associates.

Bullock D.H. (1978) Instructional Design Library. Educational Technology Pubns.

Carkhuff R.R. (1984) Instructional Systems Design : Evaluating the Instructional System. Human Resource Development Pr.

Carkhuff R.R. (1985) Instructional Systems Design : Designing the Instructional System (Instructional Systems Design). Human Resource Development Pr.

Carliner S. (2002) Designing E-Learning (Astd E-Learning Series, 6th Bk.). Amer Society Training & Dev.

Cennamo K. (2004) Real World Instructional Design. Wadsworth Pub Co.

Chauncey D. (2002) Instructional Design for the Corporate Trainer : A Handbook on the Science of Training. Writers Club Pr.

Christian-Carter J. (2001) Mastering Instructional Design in Technology-Based Training. Beekman Books Inc.

Coffelt K. (1981) Basic Design and Utilization of Instructional Televisions (Bridges for Ideas Handbook). Univ Texas at Austin Film.

Collison G. (2000) Facilitating Online Learning : Effective Strategies for Moderators. Atwood Pub.

Conrad K. (2000) Instructional Design for Web-Based Training. Human Resource Development Pr.

Darbyshire P. (2004) Instructional Technologies : Cognitive Aspects of Online Programs. Irm Pr.

Dempsey J.V. (1993) Interactive Instruction and Feedback. Educational

Technology Pubns.

Dick W. (2000) The Systematic Design of Instruction. Addison-Wesley.

Dick W. (2004) The Systematic Design Of Instruction. Allyn & Bacon.

Dijkstra S. (1990) Research on Instruction : Design and Effects. Educational Technology Pubns.

Dijkstra S. (1997) Instructional Design : International Perspectives : Solving Instructional Design Problems (Instructional Design : International Perspectives). Lawrence Erlbaum Assoc Inc.

Dijkstra S. (2001) Multimedia Learning : Results and Perspectives. Peter Lang Pub Inc.

Dijkstra, S. (1992) Instructional Models in Computer-Based Learning Environments (NATO ASI SERIES III, COMPUTER AND SYSTEMS SCIENCES). Springer-Verlag.

Dills C.R. (1997) Instructional Development Paradigms. Educational Technology Pubns.

Dr. Ledford B.R. (2002) Instructional Design : System Strategies. Information Age Pub Inc.

Edwards C. (1995) A Systematic Approach to Instructional Design. Stipes Pub Llc.

Elbaum B. (2002) Essential Elements : Prepare, Design, and Teach Your Online Course. Atwood Pub.

Elen J. (1995) Blocks on the Road to Instructional Design Prescriptions : A Methodology for I.D.-Research Exemplified (Studia Paedagogica, 18). Coronet Books Inc.

Ely D.P. (1996) Classic Writings on Instructional Technology (Instructional Technology Series). Libraries Unlimited Inc.

Endlsey W.R. (1980) Peer Tutorial Instruction (The Instructional Design Library, 28). Educational Technology Pubns.

Ertmer P.A. (1998) The Id Casebook : Case Studies in Instructional Design. Merril Pr.

Ertmer P.A. (2002) The Id Casebook : Case Studies in Instructional Design. Prentice Hall College Div.

Forsyth I. (1995) The Complete Guide to Teaching a Course : Practical Strategies for Teachers, Lecturers and Trainers (Complete Guide to Teaching a Course). Kogan Page Ltd.

Fox B.A. (1993) The Human Tutorial Dialogue Project : Issues in the Design of Instructional Systems (Computers, Cognition, and Work Series). Lawrence Erlbaum Assoc Inc.

Gagne R.M. (2004) Principles Of Instructional Design. Wadsworth Pub Co.

Gentry C.G. (1994) Introduction to Instructional Development : Process and Technique. Wadsworth Pub Co.

Ghaoui C. (2004) E-Education Applications : Human Factors and Innovative Approaches. Information Science Pub.

Gibbons A.S. (1998) Computer-Based Instruction : Design and Development. Educational Technology Pubns.

Gilmore J. (1978) Instructional Design Library : Individually Responsive Instruction. Educational Technology Pubns.

Gilmore J. (1978) Instructional Design Library : The Personalized System of Instruction. Educational Technology Pubns.

Glaser R. (2000) Advances in Instructional Psychology : Educational Design and Cognitive Science (Advances in Instructional Psychology). Lawrence Erlbaum Assoc Inc.

Godfrey R.C. (1980) Session Plans (Instructional Design Library). Educational Technology Pubns.

Hannigan and (1979) Media Center Facilities Design. Amer Library Assn.

Hannum (1986) Instructional Design Considerations in Developing Cai. Holt Reinehart & Winston.

Hannum W. (2000) Instructional Systems Development in Large Organizations. Educational Technology Pubns.

Harrison N. (1990) How to Design Effective Text Based Open Learning : A Modular Course. Mcgraw Hill Book Co Ltd.

Hassell-Corbiell R. (2001) Developing Training Courses : A Technical Writer's Guide to Instructional Design and Development. Learning Edge.

Horabin I. (1980) Algorithms (The Instructional Design Library 2). Educational Technology Pubns.

Hug W.E. (1975) Instructional Design and the Media Program. Amer Library Assn.

Il Lasley T.J. (2001) Instructional Models : Strategies for Teaching in a Diverse Society. Wadsworth Pub Co.

Ivers K.S. (2003) Multimedia Projects in Education : Designing, Producing, and Assessing. Libraries Unlimited Inc.

Jochems W. (2003) Integrated E-Learning : Implications for Pedagogy, Technology and Organization (Open & Flexible Learning S.). Routledge.

Johnson K.A. (1989) Instructional Design : New Alternatives for Effective Education and Training (American Council on Education/Macmillan Series in Higher Education). Amer Council on Education.

Johnson K.A. (1996) Instructional Design : New Alternatives for Effective Education and Training (American Council on Education/Oryx Press Series on Higher Education). Oryx Pr.

Jonassen D.H. (1989) Handbook of Task Analysis Procedures. Praeger Pub.

Jonassen D.H. (1999) Task Analysis Methods for Instructional Design. Lawrence Erlbaum Assoc Inc.

Jonassen D.H. (2003) Learning to Solve Problems: An Instructional Design Guide (Tech Training Series). Pfeiffer & Co.

Jonassen W.H. (1998) Task Analysis Methods for Instructional Design. Lawrence Erlbaum Assoc Inc.

Kapfer L. (1978) Instructional Design Library. Educational Technology Pubns.

Keirns J.L. (1998) Designs for Self-Instruction : Principles, Processes, & Issues. Virgilio Integrated Pub.

Keirns J.L. (1998) Designs for Self-Instruction : Principles, Processes, and Issues in Developing Self-Directed Learning. Allyn & Bacon.

Kemp J.E. (1977) Instructional Design : A Plan for Unit and Course Development. Lake Pub Co.

Kemp J.E. (1994) Designing Effective Instruction. Macmillan Coll Div.

Kommers P.A.M. (1996) Hypermedia Learning Environments : Instructional Design and Integration. Lawrence Erlbaum Assoc Inc.

Krey R.D. (1990) A Design for Instructional Supervision. Charles C Thomas Pub Ltd.

Landgon D.G. (1978) Instructional Design Library : Construct Lesson Plan. Educational Technology Pubns.

Langdon (1958) Instructional Design Library. Educational Technology Pubns.

Langdon D.G. (1978) The Adjunct Study Guide (The Instructional Design Library ; V. 1). Educational Technology Pubns.

Ledford B.R. (2000) Instructional Design : A Primer. Information Age Pub Inc.

Ledford B.R. (2002) Instructional Design : System Strategies. Information Age Pub Inc.

Lee W.W. (2000) Multimedia-Based Instructional Design : Computer-Based Training, Web-Based Training, Distance Broadcast Training. Pfeiffer & Co.

Lee W.W. (2004) Multimedia-Based Instructional Design : Computer-Based Training, Web-Based Training, Distance Broadcast Training, Performance-Based Solutions. Pfeiffer & Co.

Lehman E.R. (1995) Constructivism : Its Foundations and Applications : A Selected Bibliography (Educational Technology Selected Bibliography, Vol 14). Educational Technology Pubns.

Leshin C.B. (1992) Instructional Design Strategies and Tactics. Educational Technology Pubns.

Lineberry C.S. (1980) Job AIDS (Instructional Design Library, No. 25). Educational Technology Pubns.

Lochte R.H. (1994) Interactive Television and Instruction : A Guide to Technology, Technique, Facilities Design, and Classroom Management. Educational Technology Pubns.

Lockwood F. (1998) The Design and Production of Self-Instructional Materials : Your Own Series of Workshops (The Flexible Learning Staff

Development Program). Kogan Page Ltd.

Lorne A. (1980) Teletechniques : An Instructional Model for Interactive Teleconferencing (The Instructional Design Library, 38). Educational Technology Pubns.

Mathias H. (1988) Designing New Systems and Technologies for Learning. Nichols Pub Co.

McArdle G. (1991) Developing Instructional Design (The Fifty Minute Series). Crisp Learning.

Mentzer R.C. (1999) The Core Package (The Instructional Design Library, 21). Educational Technology Pubns.

Merrill M.D. (1992) Teaching Concepts : An Instructional Design Guide. Educational Technology Pubns.

Misanchuk E.R. (1992) Preparing Instructional Text : Document Design Using Desktop Publishing. Educational Technology Pubns.

Morris S. (2003) Teaching and Learning Online : A Step-By-Step Guide for Designing an Online K-12 School Program. Scarecrow Pr.

Morrison G.R. (2003) Designing Effective Instruction. John Wiley & Sons Inc.

Newby T.J. (1999) Instructional Technology for Teaching and Learning : Designing Instruction, Integrating Computers, and Using Media. Prentice Hall College Div.

O'Toole I. (1993) Instructional Design for Multimedia. AV Consultants.

Pfeiffer (2000) Instructional Design Duo. Pfeiffer Wiley.

Piskurich G.M. (2000) Rapid Instructional Design : Learning Id Fast and Right. Pfeiffer & Co.

Pucel D.J. (1989) Performance-Based Instructional Design. Glencoe/Mcgraw-Hill.

Rahmlow H.F. (1980) Teaching-Learning Unit (The Instructional Design Library, 18). Educational Technology Pubns.

Reigeluth C. (1999) Instructional-Design Theories and Models : A New Paradigm of Instructional Theory (Instructional Design Theories & Models). Lawrence Erlbaum Assoc Inc.

Reigeluth C.M. (1983) Instructional Design Theories and Models : An Overview of Their Current Status. Lawrence Erlbaum Assoc Inc.

Reinser R.A. (2001) Trends and Issues in Instructional Design and Technology. Prentice Hall College Div.

Reiser R.A. (1995) Instructional Planning : A Guide for Teachers. Allyn & Bacon.

Richey R. (1986) Theoretical and Conceptual Bases of Instructional Design. Nichols Pub Co.

Rogoff R.L. (1987) The Training Wheel : A Simple Model for Instructional Design (Wiley Series in Training and Development). John Wiley & Sons Inc.

Romiszowski A. (1992) Case Studies in Instructional Design and Development. Beekman Books Inc.

Romiszowski A.J. (1988) Designing Instructional Systems : Decision Making in Course Planning and Curriculum Design (Instructional Development Series). Kogan Page Ltd.

Rothwell W.J. (1992) Mastering the Instructional Design Process : A Systematic Approach (Jossey-Bass Management Series). Jossey-Bass Inc Pub.

Rothwell W.J. (1992) Mastering the Instructional Design Process : A Systematic Approach. Proquest Info & Learning.

Rothwell W.J. (1998) Mastering the Instructional Design Process : A Systematic Approach (Jossey-Bass Business and Management Series). Pfeiffer & Co.

Rothwell W.J. (1998) Mastering the Instructional Design Process : A Systematic Approach (The Jossey-Bass Business & Management Series). John Wiley & Sons Inc.

Rothwell W.J. (2000) Mastering the Instructional Design Process : A Systematic Approach. Pfeiffer & Co.

Rothwell W.J. (2003) Mastering the Instructional Design Process : A Systematic Approach. Pfeiffer & Co.

Roundtree D. (1990) Teaching Through Self Instruction : How to Develop

Open Learning Materials. Nichols Pub Co.

Russell J.D. (1978) Audio-Tutorial System (The Instructional Design Library, 3). Educational Technology Pubns.

Salisbury D.F. (1996) Five Technologies for Educational Change : Systems Thinking, Systems Design, Quality Science, Change Management, Instructional Technology. Educational Technology Pubns.

Schauble L. (1996) Innovations in Learning : New Environments for Education. Lawrence Erlbaum Assoc Inc.

Seel N.M. (2004) Curriculum, Plans, and Processes in Instructional Design : International Perspectives. Lawrence Erlbaum Assoc Inc.

Seels B. (1990) Exercises in Instructional Design. Merrill Pub Co.

Seels B. (1995) Instructional Design Fundamentals : A Reconsideration. Educational Technology Pubns.

Seels B. (1997) Making Instructional Design Decisions. Prentice Hall.

Shambaugh R.N. (1997) Mastering the Possibilities : A Process Approach to Instructional Design. Allyn & Bacon.

Showalter A. (2004) Constructivist Instructional Design (Research in the Epistemologies of Practice : Theories That Guide Practice S.). Information Age Pub Inc.

Smith (1999) Instructional Design 2e Im. John Wiley & Sons Inc.

Smith P.L. (1998) Instructional Design. Merrill Pub Co.

Smith P.L. (2004) Instructional Design. John Wiley & Sons Inc.

Snelbecker G.E. (1985) Learning Theory, Instructional Theory, and Psychoeducational Design. Univ Pr of Amer.

Spector J.M. (2000) Automating Instructional Design : Concepts and Issues. Educational Technology Pubns.

Stewart D.K. (1989) Design for Excellence : But Can We Educate the Educators (A Chance for Instructional Excellence Series, Book 1). Slate Services.

Stolovitch H.D. (1999) Instructional Design Library : Frame Games. Educational Technology Pubns.

Sweller J. (1999) Instructional Design in Technical Areas. Australian

Council for Educational.

Tejada-Flores L. (2002) Instructional Design for University of Phoenix. John Wiley & Sons Inc.

Tennyson R.D. (1994) Automating Instructional Design, Development, and Delivery (NATO ASI SERIES SERIES III, COMPUTER AND SYSTEMS SCIENCES). Springer-Verlag.

Tennyson R.D. (1995) Automating Instructional Design : Computer-Based Development and Delivery Tools (NATO Asi Series. Series F, Computer and Systems Sciences, Vol 140). Springer-Verlag.

Tennyson R.D. (1997) Instructional Design : International Perspectives : Theory, Research, and Models (Instructional Design : International Perspectives). Lawrence Erlbaum Assoc Inc.

Terlouw C. (1998) Instructional Development in Higher Education : Theory and Practice. Thesis Pub.

Thiagarajan S. (1978) Instructional Design Library : Tutor AIDS. Educational Technology Pubns.

Thiagarajan S. (1978) Instructional Simulation Games (Instructional Design Library, 12). Educational Technology Pubns.

Thiagarajan S. (1999) Instructional Design Library : Group Programs. Educational Technology Pubns.

Thomas T. (1978) Systems Approach to Instructional Design. Baywood Pub Co.

Thorsen C. (2002) Techtactics : Instructional Models for Educational Computing. Allyn & Bacon.

Turner P.M. (1993) Helping Teachers Teach : A School Library Media Specialist's Role. Libraries Unlimited Inc.

Van Merrienboer J.J.G. (1997) Training Complex Cognitive Skills : A Four-Component Instructional Design Model for Technical Training. Educational Technology Pubns.

Vosniadou S. (1996) International Perspectives on the Design of Technology-Supported Learning Environments. Lawrence Erlbaum Assoc Inc.

Wydra F.T. (1980) Learner Controlled Instruction (The Instructional

Design Library, 26). Educational Technology Pubns.

Young. (1985) Instructional Design and Development.

Zook K.B. (2000) Instructional Design for Classroom Teaching and Learning. Houghton Mifflin College.

Zook K.B. (2001) Instructional Design for Classroom Teaching and Learning. Houghton Mifflin College.

Web-based Education

Abbey B. (2000) Instructional and Cognitive Impacts of Web-Based Education. Idea Group Pub.

Aggarwal A. (2000) Web-Based Learning and Teaching Technogies : Opportunities and Challenges. Idea Group Pub.

Aggarwal A.K. (2003) Web-Based Education : Learning from Experience. Irm pr.

Alden J. (1998) Trainers Guide to Web Based Instruction : Getting Started on Intranet-And Internet-Based Training (Learning Techno-logies). Amer Society Training & Dev.

Arch D. Ensz S. (2000) Web-Based Interactive Learning Activities. Human Resource Development Pr.

Bruning R.H. (2003) Web-Based Learning : What Do We Know? Where Do We Go? Information Age Pub Inc.

Cole R.A. (2001) Issues in Web-Based Pedagogy : A Critical Primer (Greenwood Educators' Reference Collection). Greenwood Pub Group.

Conrad K. (2000) Instructional Design for Web-Based Training. Human Resource Development Pr.

Dabbagh N. Bannan-Ritland B. (2004) Online Learning : Concepts, Strategies, and Application. Prentice Hall College Div.

Damiani E. (2004) Access Control for the Web-Based Infrastructure (Datecentric Systems & Applications S.). Springer-Verlag Berlin and Heidelbereg GmbH & Co. K.

Driscoll M. (1998) Web-Based Training : Using Technology to Design Adult Learning Experiences. Pfeiffer & Co.

文 献 *135*

Driscoll M. (2002) Web-Based Training : Creating E-Learning Experiences. Pfeiffer & Co.
Dupuis E. Laguardia C. (2003) Developing Web-Based Instruction : Planning, Designing, Managing, and Evaluating for Results. Neal Schuman Pub.
Ellis A. (1999) Managing Web Based training : How to Keep Your Program on Track and Make It Successful. Amer Society Training & Dev.
Feiler J. (2000) Managing the Web-Based Enterprise. Morgan Kaufmann Pub.
Harnedy S.J. Prentice Hall Ptr (1998) Web-based Management : For the Enterprise. Prentice Hall.
Harrison N. (1998) How to Design Self-Directed and Distance Learning : A Guide for Creators of Web-Based Training, Computer-Based Training, and Self-Study Materials. Mcgraw-Hill.
Hassard J. (1999) Science As Inquiry : Active Learning, Project-Based, Web-Assisted, and Active Assessment Strategies to Enhance Student Learning. Goodyear Pub Co.
Horton W. (2000) Designing Web-Based Training : How to Teach Anyone Anything Anywhere Anytime. John Wiley & Sons Inc.
Jolliffe A. (2001) The On-Line Learning Handbook : Developing and Using Web-Based Learning. Kogan Page Ltd.
Khan B.H. (2001) Web-Based Training. Educational Technolog Pubns.
Khosrow-Pour M. (2002) Web-Based Instructional Learning. Irm Pr.
Lee W.W. Owens D.L. (2000) Multimedia-Based Instructional Design : Computer-Based Training, Web-Based Training, Distance Broadcast Training. Pfeiffer & Co.
Lockwood F. Gooley A. (2001) Innovation in Open & Distance Learning : Successful Development of Online and Web-Based Learning (Open & Distance Learning S.). Kogan Page Ltd.
Lynch M.M. (2001) The Online Educator : A Guide to Creating Web-Based Courses (Routledgefalmer Studies in Distance Education). Falmer Pr.
Marinescu D.C. (2002) Internet-Based Workflow Management : Towards a Semantic Web (Wiley Series on Parallel and Distributed Computing).

Wiley-Interscience.

McConnell J. (2003) Practical Service Level Management : Delivering High-Quality Web-Based Services (NETWORKING TECHNOLOGIES). Cisco Systems.

McCormack C. Jones D. (1997) Building a Web-Based Education System. John Wiley & Sons Inc (Computers).

Moore M.G. Cozine G.T. (2000) Web-Based Communication, the Internet & Distance Education (Readings in Distance Education Series, 7). Amer Center for the Study of.

Mukhopadhyay S. (2002) Web Based Infrastructures : A 4d Framework (Harris Kern's Enterprise Computing Institute). Prentice Hall.

Nguyen H.Q. (2003) Testing Applications on the Web : Test Planning for Mobile and Internet-Based Systems. John Wiley & Sons Inc.

Reynolds J. (2004) The Complete E-Commerce Book : Design, Build, and Maintain a Successful Web-Based Business. Cmp Books.

Roerden L.P. (2003) Net Lessons : Web-Based Projects for Your Classroom. O'Reilly & Associates.

Seamon M.P. Levitt E.J. (2001) Web Based Learning : A Practical Guide. Linworth Pub Co.

Sinclair J.T. (2001) Creating Web-Based Training : A Step-By-Step Guide to Designing Effective E-Learning. Amacom Books.

Steed C. (1999) Web-Based Training. Gower Pub Co.

Stepien W.J. Senn P.R. (2001) The Internet and Problem-Based Learning : Developing Solutions Through the Web. Zephyr Pr Learning Materials.

Stone D.E. Koskinen C.L. (2002) Planning and Design for High-Tech Web-Based Training (Artech House Technology Management and Professional Development Library) Artech House.

Whalen T. (2002) The Business Case for Web-Based Training. Artech House Publishers.

Zahavi R. (1999) Enterprise Application Integration With Corba : Component and Web-Based Solutions. John Wiley & Sons Inc.

あとがき

　eラーニングは，アメリカの企業内教育におけるさまざまな取り組みのなかで発展してきました．その背景には，企業内教育に支出していたコストの削減を行おうとする多くの経営者の強い意志が働いていました．

　この，強い意志は，紆余曲折の末，eラーニングを企業内教育のスタンダードに押し上げることになり，eラーニングの開発を推し進めてきたアメリカの企業は，企業内教育のコスト削減に成功しました．このことを契機として，アメリカは，eラーニング先進国になっていくのですが，一方で，eラーニングの発展は，eラーニングのもうひとつの側面，すなわち，コンピュータを利用した教育という点で，様々な学問領域からの再検討を迫られることになりました．

　特に，日本においては，2000年を境にアメリカでの成果をそのまま輸入し始めたことから，eラーニングの技術と理論，そして実践が一気に押し寄せてきた感が否めません．その結果，「日本という国で"使える"eラーニングとは何か」という議論があまりなされることなく，eラーニングシステムの開発競争に進んでいるように思われます．

　eラーニングは，それ自体，日本に紹介されてからわずか5年あまりを経過したにすぎず，歴史というほどの歴史すらありません．しかし，日進月歩のコンピュータ技術の発展と相まって，eラーニング技術の発展のスピードは，上がり続けており，同時に，かなりの深さと広がりをみせているのもまた事実です．

　とは言いましても，きちんとした学術的理論的な背景がない仕組みは，いずれ廃れてしまうことは，私たちの過去の経験が立証してくれているように思います．

　そこで，本書では，アメリカにおけるeラーニングの成立における歴史的背

景を概観した後，日本におけるeラーニングの発展の過程を検討し，最後に筆者の考える簡単なeラーニングモデルを提示しました．私なりのやり方で，eラーニングの本質的な部分を，このような類の話題にはじめて接する読者にもわかりやすく伝えられるように努力しました．論文調の書き方で書かれているため，取っ付きにくい印象を持たれる方もおられるかと思いますが，内容自体は，決して難解なものではありません．

もし本書を読んで，eラーニング，あるいは企業内教育をもっと深く知りたいと興味を持たれた方がいるのであれば，著者として，これほどの喜びはありません．その際はぜひ，参考文献にあげた本を手にとってみてください．たくさんの示唆を得ることができるはずです．

コンピュータの出現は，人類に対して多大な利益をもたらしました．一方で，長い時間をかけて人類が築き上げてきた規範が揺らぎ，再構築を迫られているようにもみえます．そのことは，eラーニングにおいても，規範の構築が迫られており，また，わたしたちの知らない未知の何かを解明するためのフィールドが用意されていることを示唆していることになります．多くの，eラーニングに興味を持たれている方に本書を手にとっていただけたらと思います．

本書を執筆するにあたっては，たくさんの方々にお世話になりました．

アメリカでの20年にも及ぶ研究生活から醸し出される，広く深い識見により，日本におけるeラーニングの理論書の不在を強く指摘され，本書を書き下ろす契機を与えていただき，心身両面において支えていただき，熱心なご指導をいただきました東北大学の村木英治教授に心より感謝と御礼を申し上げます．また，長年の東北大学における研究の蓄積と，東北大学インターネットスクールの立ち上げと運営，そしてその知見に裏打ちされた広く深い識見から，公私にわたるサポートをいただきました東北大学の岩崎信教授に心より感謝と御礼を申し上げます．両教授よりいただきました多くのご教示により本書を完成させることができました．

また，日ごろよりお世話になり，本研究を進めるにあたり貴重なご助言をいただきました佐藤喜一氏（宮城高等専門学校），佐々木典彰氏（東北学院大学非常勤講師）を始めとする村木ゼミのみなさんからは，日頃のディスカッション

を通して多くの有益な知見をいただいております．この場を借りて，心より感謝と御礼を申し上げます．

　大学教育出版の佐藤守氏からは，的確かつ親切丁寧なコメントと，綿密で迅速なご支援をいただきました．佐藤氏からのサポートなしには，本書を出版させることはできませんでした．心より感謝と御礼を申し上げます．

　最後に，連夜に亘る深夜までの執筆作業につきあってくれた妻と子供たちに感謝します．

2005年8月9日

菅原　良

筆者略歴

1965 年宮城県生まれ

東北大学大学院教育情報学教育部博士課程修了

専攻は，教育工学，教育哲学，教育社会学

現在，株式会社 Priceless.ID 代表取締役，東北学院大学非常勤講師

---

e ラーニングの発展と企業内教育

2005 年 9 月 10 日　初版第 1 刷発行

■著　者────菅原　良
■発行者────佐藤　守
■発行所────株式会社　大学教育出版
　　　　　　　〒700-0953　岡山市西市 855-4
　　　　　　　電話（086）244-1268　FAX（086）246-0294
■印刷所────互恵印刷㈱
■製本所────㈲笠松製本所
■装　丁────ティー・ボーンデザイン事務所

Ⓒ Ryo SUGAWARA, 2005 Printed in Japan
検印省略　　落丁・乱丁本はお取り替えいたします。
無断で本書の一部または全部の複写・複製を禁じます。
ISBN4-88730-637-7